다정한 교실에서 20,000시간

마음으로 하는 일, 학교 공간 다듬기

다정한 교실에서 20,000시간

마음으로 하는 일, 학교 공간 다듬기

초판 1쇄 발행 2020년 12월 22일
초판 2쇄 발행 2021년 6월 15일

지은이 강정희
펴낸이 김승희
펴낸곳 도서출판 살림터

기획 정광일
편집 조현주
북디자인 이순민

인쇄.제본 (주)신화프린팅
종이 (주)명동지류

주소 서울시 양천구 목동동로 293. 22층 2215-1호
전화 02)3141 6553
팩스 02)3141-6555
출판등록 2008년 3월 18일 제313-1990-12호
이메일 gwang80@hanmail.net
블로그 https://blog.naver.com/dkffk1020

ISBN 979-11-5930-169-8 03370

이 도서의 국립중앙도서관 출판예정도서목록(CIP)은 서지정보유통지원시스템 홈페이지(http://seoji.nl.go.kr)와
국가자료공동목록시스템(http://www.nl.go.kr/kolisnet)에서 이용하실 수 있습니다. (CIP제어번호: CIP2020052722)

마음으로 하는 일, 학교 공간 다듬기

다정한 교실에서 20,000시간

강정희 지음

살림터

차 례

"선생님!" 하고 외쳐 부르는 아이들 곁에 계시는
이 땅의 모든 선생님

퇴임하는 날까지
교실에서 아이들과 함께하신 선생님

어른이 된 제자들에게 영원한 '선생님'이신
그분들께
이 책을 바칩니다.

시베리아 횡단열차에서

그해 여름 블라디보스토크에서 출발한 시베리아 횡단열차, 기다란 통로와
4인 객실 창에 걸린 하얀 시폰 커튼을 기억한다.

(괜찮아, 괜찮을 거야, 거봐, 괜찮지?) 시폰 커튼이 내게 속삭였다.
시베리아 횡단열차 통로에서.

이것은 소리 없이 다정한 위로

저 푸른 평원을 향하여 흔드는

영원한 노스탤지어의 손수건

……

아! 누구인가?

물결같이 나부끼는 애수와 순정을

맨 처음 강철 열차에 시폰 커튼으로 단 이는

유치환 시인의 시 〈깃발〉에 '커튼'을 넣어 중얼거리며 더위와 긴 여정을 견디었다. 해가 뜨고 해가 지고 또다시 해가 뜨고, 창밖으로 느릿느릿 지나가는 이국의 풍광은 고적한 여수를 느끼게 하지만, 제한된 공간에서 이어 가는 일상이 편안하지만은 않았다. 순도 100%의 여행이 아니고 업무가 얽혀 있는 탓이 컸으리라.

그런데 이상하게도 가만가만 흔들리는 하얀 커튼을 바라보고 있으면 막막한 마음과 고단한 몸이 한결 가벼워지는 것이었다.

'괜찮아, 괜찮을 거야. 거봐, 괜찮지?'

기능적으로 설계한 좁은 객실에서 내내 몸을 기대고 지내던 새하얀 면 소재 침구도 쾌적했다. 단정한 유니폼에 민트색 스카프를 맨 역무원들은 수시로 화장실과 온수기 주변 물기를 닦고, 역에 정차할 때마다 복도에 깔아 놓은 매트를 돌돌 말아서 걷어내 새것으로 바꾸었다. 그들을 마주칠 때마다 나는 서툰 발음으로 인사를 건넸다.

"즈드랏스부이쩨!"

집으로 돌아와 시장 포목점에 갔다. 무지 광목, 스트라이프 린넨, 체크 캔버스…. 마음에 드는 천은 얼마든지 있었다. 교실에 어울릴까, 과하지는 않을까 염려하면서 꽃무늬 면도 몇 마 끊었다,

사각형, 긴 직사각형, 정사각형, 원…. 여러 가지 모양과 크기로 잘라, 다니는 세탁소에서 단을 박았다.

사물함, 청소함, 신발장, 책장. 교실에는 천으로 덮어 주고 싶은 것이 많고 많았다. 창문에는 이미 블라인드가 있어서 커튼은 만들지 않았다.

농원에서 직영하는 화원에 가서 제라늄 한 포기를 데려왔다. 화분에 심어 볕이 드는 운동장 쪽 창가에 놓았다. 붉은 봉오리를 머금고 있으니 며칠 후면 교실이 등불을 켠 듯 환해질 것이다.

열차가 지나가는 도시의 건물과 농가의 창에는 어김없이 꽃이 가득한 화분이 놓여 있었다. 그것은 거리를 지나가는 이를 위한 인사 같은 것이었다. '제가 계속 손을 흔들고 있을 수 없어서

교실 창가에는 제라늄이 있어야 해.
어디선가 어린 왕자가
보고 있을지도 몰라.

대신 꽃을 내놓아요'라고 집주인이 말하는 듯했다.

제라늄이었다. 돌보기 쉽고 빛깔이 화사해서 관상용으로 많이 기르는데 액운을 물리쳐 주고 벌레와 모기를 쫓는 방충효과도 있다니 여러모로 유익하다.

『어린 왕자』 단원을 기다린다.

"얘들아, 저게 바로 제라늄이야. '창가에 제라늄이 있는 예쁜 벽돌집'이라고 했지? 영화 〈ET〉에서 엘리엇이 ET와 헤어질 때 선물한 꽃이잖아. 그러니 우주 어느 별에도 피어 있을 거야."

아이들은 어린 왕자와 제라늄을 오래 기억할 것이다. 어른이 되어서도 꽃집에서 제라늄을 발견하면 그냥 지나치지 못하고 잠시 멈춰 서서 중학교 교실 창가를 떠올릴 것이다.

사람이 사는 공간에는 모름지기 꽃과 그림이 있어야 한다. 창가에는 식물이, 기둥과 벽에는 명화가 있는 교실을 만들어야지. 교실에는 액자를 걸수 있는 자리가 보통 여섯 곳 정도 있다. 달력과 거울을 걸고 나면 네 자리가 남는다.

고흐, 고갱, 모네, 모딜리아니, 뭉크, 프리드리히, 이중섭, 신사임당….

수련 정원, 목이 긴 여인 잔느, 생명의 춤, 방랑자, 섬세한 초충도와 울퉁불퉁 황소….

아이가 놀다가 공부하다가 문득 고개를 들어 주위를 둘러보면 눈길 닿는 곳에 이런 그림이 걸려 있는 것이다. 명화는 불멸의 화가들이 우리에게 남긴 영혼의 편지다. 분기별로 바꾸어 준다면 아이들은 교실에서 1년에 열

여섯 점의 명화를 감상하는 것이다.

아이들에게 학교는 또 하나의 집이고, 교실은 방이다. 중학생은 보통 하루 중 8~9시간을 학교에서 지낸다. 우리 학교는 8시에 아침독서를 시작하고 저녁 6시 30분에 방과후수업이 끝난다. 10시간 이상을 학교에서 지내는 셈이다. 유치원 2~3년, 초중고 12년, 이 기간에 아이들이 학교에 머무는 시간을 계산해 보았다. 지역별로 학교별로 차이가 있어 단정 짓기는 어렵겠지만 20,000시간 이상이다.

유년기 소년기 청소년기 20,000시간을 머물러 사는 학교 공간을 생각한다. 교실은 아이들을 안아 주는 포근한 곳인가? 아이들이 그리워하고 가고 싶어 하는 곳인가? 행복감을 느끼는 곳인가? 아이들에게 영감을 주는 곳인가?

아침에 빈속으로 보호자의 배웅도 없이 집을 나서는 아이, 배낭에 라이언과 어피치를 매달고 필라 슬리퍼를 끌고 터덜터덜 등교하는 아이, 이어폰으로 귀를 막고 휴대폰에 온 세상이 들어 있다는 듯 들여다보며 걸어오는 아이, 수행과제를 못해서 복습을 안 해서 친구와 어울리는 게 어려워서 마음이 무거운 아이, 그들을 무엇으로 어떻게 위로해 줄까?

학생으로서의 과정을 마치고 임용이 되어 다시 학교로 돌아온 교사는 일생의 절반을 학교에서 보낸다. 교무실과 교실은 교사가 머물고 싶어 하는 곳인가? 행복감을 느끼는 곳인가? 창조적 영감을 받는 곳인가? 수업과 생활지도와 각종 문서와 대외 업무들이 걸려 있는 하루하루, 피곤한 몸…. 이 시대 교사도 위로가 필요하다.

'교육은 마음의 일입니다.'

돈 보스꼬 신부의 부드럽고 힘 있는 이 말이 나는 좋다. 가만히 낮게 속삭이듯 말하는데 한번 들으면 절대 잊을 수 없다. 세상 모든 일이 그러하지만, 교육은 특별히 더 '마음의 일이다. 그런데 언제부터인가 학교에 '사업', '효율', '성과', '실적' 같은 용어들이 들어와 여과 없이 쓰이고 있다. 일을 경영하여 이익을 도모하고 가시적인 결과를 산출해 내야 하는 '사업'과 '성과'에 학생과 교사는 내몰린다. 승진인지 전직인지 모를 신상의 변화와 얄팍한 물질적 대가를 위해 아이들과의 관계와 교류를 수량화하고 등위를 매기는 현실에 무감각해져 가고 있다. 마음으로 하는 일은 수량화할 수도 등위를 매길 수도 없다. 이를 모르지 않음에도 교육의 본질에서 멀어지며 점점 무기력과 열패감의 수렁으로 매몰된다.

그럼에도 불구하고 교사는 할 수 있는 일이 많다. 공문서나 보고서가 아닌 성장하는 아이들과 마음을 나누며 생의 길을 가는 동행자, 아이의 마음으로 놀면서 배우는 종합 예술가이기에.

『다정한 교실에서 20,000시간』은 학교 공간에 대한 책이다. 그러나 '공간 혁신'에 대해 말하고 있지 않다. 이른바 '공간 혁신 사업'으로 예산을 지원받아 건물 구조를 파격적으로 설계하여 짓거나, 산뜻한 원색 페인트로 채색하거나, 값비싼 소재로 마감을 하거나, 특이한 디자인의 가구를 배치하는 그런 일에 대해 말하고 있지 않다.

'혁신'의 의미는 '낡은 것을 바꾸거나 고쳐서 아주 새롭게 함. 혁명적으로 새롭게 바꾸는 일'이다. 우리가 '교육'이라는 이름으로 지금까지 해 오던 일을 송두리째 부정하고 '혁신'까지 해야 하는지에 대해 나는 회의한다. '4차 산업'이나 미래의 '글로벌 인재 육성'에 관한 것도 아니다. 그런 주제에 대해 나는 감히 말할 처지가 아니다.

나는 다만 작고 작은 것에 대해 말하려 한다. 교실과 도서실과 특별실과 화장실, 계단참과 복도 한 모퉁이, 출입문과 창문 사이 빈 벽, 그런 곳을 조금 다듬어 본 경험을 여기 적는다. 작은 일이지만 어쩌면 작지 않은 일인지도 모른다. 작지만 필요한 일이고, 내가 할 수 있는 '진짜 일'이었다.

좋은 기억을 많이 가진 사람은 행복하다. 인간의 기억은 모두 어떤 공간에서의 기억이다. 쾌적하고 정돈된 공간에서 자라는 아이는 행복하다. 아이를 행복한 사람으로 키우려면 공간을 아름답게 만들어 주면 된다. 어렵지 않은 일이다.

지금 내가 있는 학교는 아주 작다. 작은 학교이기에 무슨 일이든 수월했다. 하지만 큰 학교에서 할 수 있는 일도 많다. 오히려 큰 학교라서 가능한 일도 없지 않을 것이다.

틈나는 대로 손이 닿는 대로 극세사 걸레를 짜서 먼지를 닦아 내고, 제자리를 벗어난 물건들을 가지런히 정리하고, 필요 없는 것은 떼어 내고, 불편한 가구는 자리를 옮겨 보고 그 자리가 아닌 것 같으면 다시 또 옮기고, 예쁜 걸 발견하면 아이들이 많이 다니는 곳에 슬쩍 놓아도 보고…. 교실 공간 다듬기, 할 만하고 기쁜 일이었다. 재미있고 의미도 있는 일이었다.

세라 W. 골드헤이건은 저서『공간 혁명』에서 말한다.

'당신이 사는 장소가 바로 당신이다.'

황량한 이 세상 건너는 동안 우리, 하얀 시폰 커튼 한 장이나 붉은 제라늄 화분 하나로 조금 순해지고 곱게 물들 수 있다면 다행한 일 아닌가? 유소년기를 횡단하는 내 아이들의 여정, 네모난 학교에 시폰 커튼을 달아 주자. 매일의 등교가 학생과 교사에게 설레는 여행이 되도록 교실을 다정하게 다듬어 보자.

새하얀, 보드라운, 투명한, 마음을 어루만지는, 시베리아 열차 객실 커튼

해 지고 달 돋는 시각, 마음에 고이는 연민 한 줌 우려내어 이 책을 짓는다.

2020년 겨울
월출산 아래 까치마을에서
강정희

이 글에 나오는 일화의 배경을 밝힌다.
어릴 때는 순천시 낙안면, 초등학교 6학년부터는 순천시,
대학은 광주광역시, 첫 근무지는 고흥군,
그 후로는 전남의 농촌 곳곳이다.
사진은 대부분 지금 근무하는 학교에서 찍었다.
이전에 근무한 학교에서 찍은 것도 조금 있다.
아이들 이름은 실명에서 한 자를 가져와 '~이'로 만들었다.
겹치는 이름은 다르게 짓기도 했다.

0

공간을
기억하다

인간의 기억은 모두

어떤 공간에서의 기억이다.

적요한, 환한, 따스한

아무도 없는, 어둑한, 쓸쓸한, 무료한

왁자한, 또는 훈훈한

그리고 정갈하거나 고졸한…

무수한 공간을 흐르고 흘러, 우리

여기에 지금 있다.

흰 옥양목 커튼

숙제도 없고, 함께 놀 동무도 없는, 심심한 토요일 오후, 선생님 집에 놀러 간다. 붉은 사과 두 알과 할아버지가 꽃밭에 가꾼 백일홍 세 송이를 준비한다. 하얀 도화지를 접어 카드도 그린다(크리스마스도 설날도 아닌데…).

파란 나무대문을 열고 골목을 벗어나서 초등학교 담장을 따라 걷다가 중앙시장 사거리와 옥천다리를 건너고 중앙극장과 시내 유일한 쇼핑센터 황금백화점도 지난다.

한적한 상가 2층, 계단을 올라갈 때는 언제나 내 심장소리가 들릴 만큼 떨린다. 올록볼록한 반투명 유리창이 달린 현관문 앞에서 숨을 고른다.

"선생님!"

큰 목소리로 부르고 귀를 기울이면, 반가워하는 음성이 들리고 발소리가 나고 이어서 문이 열린다.

진한 갈색 책상과 책장과 수납장이 있는 방을 기억한다. 수녀원에 들어가려 했다는 소문이 사실인 듯, 평소 옷차림처럼 방도 검박하고 단정하다.

선생님은 윤기 나는 옻칠소반에 쿠키와 코코아를 내오신다. 때로는 홍차나 녹차를, 나중에는,

"우리 정희, 이제 곧 대학생이구나."

하며 커피를 권하신다. 처음 맛본 커피는 쓰고 달고 시다. 받침 부분이 잘록하고 테두리에 금박이 입혀진 새하얀 찻잔이 조심스럽다. 그러고,

"이거 들어 보자."

이무지치의 LP음반 「사계」를 턴테이블에 올리신다. 완벽한 조화로움이다. 네 개의 악기가 마치 한 몸인 듯 빈틈없는 연주가 황홀하다. 새순을 틔우는 아기바람이, 부서질 듯 쨍쨍한 여름햇볕이, 청량한 가을하늘이, 빈나뭇가지에 매섭게 몰아치는 겨울바람이 네 개의 현악기 안에 들어 있다. 어느 날엔 차이코프스키 「비창」을, 또 어느 날엔 쇼팽과 라흐마니노프 피아노 협주곡을 듣는다.

장중하고 애달픈 단조 멜로디는 방 안을 채우고, 두툼한 광목 방석에 앉아 LP판 재킷을 안고 귀를 열고 있는 나의 무릎에 몸통에 어깨에 스민다. 나는 한량없이 머나먼 곳을 떠돌다 4악장 종결부 장엄한 화음에 휩싸여 현실로 돌아온다.

선생님은 서향 창에 드리운 흰 옥양목 커튼을 열고, 멀리 산중턱 마을이 끝난 지점을 가리키신다. 기다란 미루나무 두 그루가 상념에 잠긴 채서 있다. 지친 듯 저무는 석양 무렵의 산 빛, 그 모색은 지금도 내 안에 그림 한 장으로 남아 있다.

책장에서 고른 니체와 릴케와 루 살로메와 시몬느 베이유와 로자 룩셈부르크를 안고 집으로 돌아오는 길, 자박자박 내 발소리가 들린다. 불꽃의 여자 시몬느 베이유는 너무도 고귀한 사람, 그 순정한 삶의 자취 하나를 흉내라도 내 보고 싶었다. 니체와 살로메는 어려워서 서문만 읽고 가져다드렸다.

지금도 크게 번화해지지 않은 고요한 도시, 맑은 물 흐르고 사람들이

순하게 살아가는 고향을 방문해 시내를 지날 때면, 이제는 선생님이 살지 않는 그 방을 가늠해 본다. 10대의 나를 키운 공간이다.

4년 후.

나는 고흥반도 끝, 가난하고 바람 많은 면소재지 중학교에 발령받는다. 거기 착한 아이들이 살고 있었다. 한겨울 바닷바람에도 홑 점퍼를 입고 먼 길을 걸어서 등교하는 아이들, 새벽 바다에서 김을 걷느라 손등이 거칠어진 아이들이 매사에 부족하고 서툰 나를 '선생님'이라고 불렀다.

내 자취방에 아이들을 불러 놓고 라면을 끓인다. 문을 열면 연탄 부엌을 건너 방 한 칸이 이어진 작고 작은 방이다. 아이들이 말한다.

부모님이 비닐하우스 짓느라 농협에 진 빚의 이자가 불어나 걱정이라고, 엄마가 많이 아파서 몇 해 전에 돌아가셨고 엊그제가 제사였다고, 그리고 곧 새어머니가 들어오실 것 같다고. 몸이 아파 학교를 1년 꿇어서 친구들보다 나이가 한 살 많다고, 그래서 아이들이 언니라고 부르는데 그게 싫다고….

연탄으로 덥힌 방 아랫목, 빨간 밍크 담요 속에 발을 넣고 둘러앉으면 무슨 말이든 다 할 수 있었다. 아이들은 이미 속으로 어른이었다. 그들 곁에서 나는 어른이 되었다.

라면 그릇 설거지를 미뤄 두고 저수지 둑 위로 산책을 간다. 바람이 부는 대로 수면에 물무늬가 만들어지는 것을 보며 노래를 부른다. 잔잔한 공연이다.

상록수, 모두가 이별이에요, 과수원길….

13년 후 스물아홉 살이 된 그들을 다시 만났다. 그들은 내 방에 있던 책장을 기억했다. 붉은 벽돌과 송판 세 장으로 쌓아 올린, 이상하고도 예쁜 책장이었다고. 그 책장엔 이반 일리치의 『학교는 죽었다』, A. S. 닐의 『섬머힐』, 파울로 프레이리의 『페다고지』를 책등이 안 보이게 꽂아 놓았는데 그것은 몰랐을 것이다. 라면을 끓이던 냄비, 몸통이 붉은 한일 쿠커도 기억했다. 석유곤로를 주로 쓰던 때 다용도 전기쿠커는 유용했다.

　김민기의 <아침이슬>과 아바의 <I have a dream>을 테이프로 들려주기도 했단다. 아이들은 노래 제목도 기억했다. 동아리 선배가 시골로 발령받아 가는 내게 녹음해 준 것이었다. 더블 데크 돌비 시스템 스테레오 녹음기는 첫 월급으로 맘먹고 산 것이었다. 테이프 두 개를 동시에 넣을 수 있어서 공테이프에 불법복사를 하기 좋았다.

　똑같이 생긴 집에 나란히 살던 대학 친구이자 발령 동기들 모두에게 노래 테이프는 시절을 견디게 해 준 약이었다. 유난히 많은 약을 가지고 있던 친구도 있었다. 이필원, 전인권, 김광석, 이글스, 그리고 존 바에즈와 나나무스쿠리…. 전설 같은 가수들의 노래를 듣다가 못내 누군가가 보고 싶어지면 운동복 주머니에 동전을 담고 슬리퍼를 끌고 우체국 앞으로 DDD 장거리 공중전화를 하러 갔다. 어두운 골목에서 넘어지지 않으려면 손전등이 필요했다.

　아이들 얘기를 하다가 선생님들 이야기로 넘어가 버렸다.^^ 아무튼, 누추한 자취방과 수면에 이는 물무늬를 볼 수 있는 저수지 둑은 훌륭한 교실이었다. 아이들이 있고 교사가 있으면 어디나 교실. 학교 밖 너른 교실이다.

카페에서 수업을

시내 카페에서 정기적인 공부모임을 한 적이 있다. 디지털 복합 영상원 주최로 6개월 동안 시나리오 작법을 배우는 프로그램이었다. 서울에서 온 젊은 강사가 매주 금요일 저녁 우리 예닐곱 수강생에게 대본 쓰기 실기를 지도하는데 장소가 카페였다. 교육비도 무료인데 음료와 주차비까지 지원되어서 황송하고 어리둥절했었다.

출근과 육아에 바쁠 때라 카페에 차 마시러 가는 것은 엄두도 못 내고, 주말 외출도 아들딸을 위한 경우 말고는 거의 해 본 적이 없는 내게 카페는 꿈의 공간이었다. 북유럽 스타일의 밝은 원목 테이블은 느낌이 따뜻하고, 파벽돌로 마감한 벽에 붙은 포스터와 액자는 실험적이고 참신했다. 실내 소음은 기분이 좋을 만큼 소란했다. 때때로 얼음 가는 소리는 우리가 목소리를 높여야 할 정도로 컸지만 그마저도 연출인 듯 극적이었다, 얼음 가는 소리가 들릴 때마다 새로운 아이디어가 생겨날 듯 머릿속이 바삭거렸다.

6개월이 지나고, 뚜렷이 내세울 결실도 없이 강좌는 끝났다. 하지만 카페 분위기와 매번 입구에 들어설 때의 설레던 느낌만은 선명하게 기억난다. 지금도 귓가에 커피머신 소리 들리고 코끝에는 커피향이 맡아진다.

그 후 우연히 소설공부를 시작해서 소규모로 합평모임을 하게 되었는데, 장소가 커피체인점이었다. 복층 다락방 마룻바닥에 다리를 펴고 앉아 토의를 하는데 커피향 때문인지 음악 때문인지 묶여 있던 글 매듭이 술술 풀리곤 했다.

　그때 그런 생각을 했다. 학교마다 이런 공간이 한 곳쯤 있으면 어떨까? 교실이 이런 분위기라면 아이들은 어떻게 수업을 하려나? 왜 학교와 교실은 옛날부터 지금까지 변함이 없을까? 음악실 미술실 과학실 가정실 들은 왜 그런 모습일까?

　블로그나 인스타그램에 사진과 함께 올려놓은 방문기를 구경하는 것만으로도 기분이 좋아지는 카페들. 감성적이고 드라마틱하고 상큼한 내부, 신선한 상호, 빈티지한 디자인의 간판, 안에 다른 세상이 있을 것 같아 밀고 들어가 보고 싶은 출입문, 허브와 다육이와 벤자민과 산세베리아 등 이국적인 실내 식물들, 근사한 조명, 독특한 의자와 테이블, 그리고 커피와 음료가 예쁘게 담긴 툭툭한 잔과 코스터와 쟁반. 세상의 예쁜 것들을 모두 모아 놓은 곳.

　사람들의 이야기 소리와 달그락거리는 찻잔 소리에 섞여 공기 중에 흘러다니는 음악은 얼마나 달콤한지, 화장실은 또 얼마나 쾌적하고 우아한지, 세면대 거울에 비친 내 모습이 한 뼘쯤 더 멋있게 보인다. 뭐든지 할 수 있을 것 같고, 뭐든지 지금보다 더 잘할 수 있을 것 같다.

　학교를 이렇게 만들 수만 있다면 아이들을 따로 가르칠 필요가 없을 것 같았다. 자신을 존귀하게 여기고, 친구를 소중하게 사랑하고, 공부는 저절로 될 것 같았다.

10년 후, 지금부터 10년 전.

아이들을 차에 태우고 가까운 전통찻집에 간다. 문화체육관광부 주관 '청소년 시 낭송 프로그램'과 국립어린이청소년 주관 '독서문화 프로그램' 대상 학교로 선정되어 지원비가 넉넉했다.

주차장부터 입구까지 여릿여릿한 야생화를 가꾸어 놓았고 실내는 오밀조밀 골동 소품들이 가득했다. 오미자차와 대추차를 주문했는데 삶은 달걀도 소복이 담아 내주셨다.

그날 아이들은 교실에서와 달랐다. 매우 달랐다. 평소 독서나 공부에 관심이 없고 수업을 진행하려는 나에게 단체로 공격적이던 아이들이었다. 그런 아이들이 둥근 테이블에 순한 양처럼 토끼처럼 둘러앉아서 시를 낭독하는 것이었다.

시집 『국어시간에 시 읽기』를 아이들 숫자대로 준비하면서도 시 낭송을 할 수 있으리라고 기대하지 않았었다. 그런데 아이들이 다소곳이 앉아서 점잖게 서로 차를 권하며, 시를 골라 소리 내어 읽고 진솔한 소감을 발표하는 것이었다. 굳이 찻집 방명록에 이름을 남기고, 주인이 준비해 둔 메모지에 뭔가를 적어서 벽에 붙이기도 했다.

아이들이 마법에라도 걸린 것일까? 아니면 나를 놀래려고 저희끼리 무슨 약속이라도 한 것일까? 나는 어리둥절했다. 모임을 마칠 때까지 내색은 안 했지만 믿을 수가 없었다.

계산을 하고 나오는데 아이들이 말했다.

호이: 선생님, 찻값 얼마 나왔어요?
경이: 선생님, 여기 다음에 또 오면 안 돼요?

숙이: 저는 엄마 아빠 할머니랑 함께 와 보고 싶어요.

연이: 여기 유명 영화배우 유지태가 왔던 곳이에요. 이 부근에서 영화 <봄날은 간다> 마지막 장면을 촬영했대요. 저기 벽에 신문기사를 봤어요. 배우랑 감독 사인도 있어요.

아이들이 생애 처음으로 가 본 찻집이었다. 가족이 고깃집에서 외식을 하고 노래방에는 가지만, 찻집에 가 본 적은 없다고 했다. 좋은 곳에 가서 아름다운 것을 보거나 맛있는 것을 먹을 때 가족이 생각나는 것은 너무도 당연한 일이다.

학부모회 모임을 자녀와 함께 카페에서 하면 좋겠다. 어른도 늘 가던 식당 말고 찻집에서 잠시나마 공간이 주는 위안을 느끼고 집안과 아이들 공부방도 다시 보게 될 것이다.

교사는 아이들에게 '처음'을 선물할 수 있는 사람이다. 영원히 지워지지 않을 기억을 새겨 줄 수 있는 권력(?)을 가진 사람이다.

좋은 '처음'을 많이 주고 싶다. 그들이 아직 모르는 시와 노래와 소설, 영화와 그림, 풀과 나무와 여행지와…. 세상에 숨어 있는 작고 아름답고 향기나는 것들, 삶을 단단하게 채워 주는 것들을 많이 알려 줘야겠다.

모두 알려 줄 수는 없을지라도 세상에 감춰진 그런 보석들을 스스로 찾아서 간직하고 즐기려는 마음을 열어 줄 수만 있어도 좋겠다.

엄마, 괜찮아. 창틀이 보라색이야

딸이 중학교 배정을 받았다. 같은 반 친구들은 대부분 아파트 단지 안에 있는 학교 두 곳 중 한 곳으로 가는데 아이는 세 블록 지나 10차선 도로를 건너 주택가에 새로 개교하는 학교로 가게 되었다. 세 학교 학생 수를 조정하다 보니 한 반에 두세 명씩이 그쪽으로 보내진 것이었다.

상대적으로 먼 거리, 신설 학교라는 점 등 여러 가지로 마음이 쓰였다. 가까이에 학교가 둘이나 있는데, 하필 우리 아이가 그리 배정되다니, 내가 근무하는 곳 초등학교를 다니다 전학을 와 적응하느라 힘들었는데 중학교 친구를 새로 사귀어야 하다니, 배정 프로그램을 원망하는 한편, 무슨 방법이 없을까 궁리하며 학교와 교육청에 전화도 해 보고 지인들에게 하소연을 했다. 내가 원거리 출퇴근을 하고 있어서 돌볼 시간이 넉넉지 않으니 더욱 걱정이 되었다.

그런데 친구와 학교 구경을 다녀온 아이가 환한 얼굴로 현관에 들어서며 말했다.

"엄마, 엄마, 우리 학교 정말 예뻐. 3층인데 벽돌은 밝은 노란색이고, 창틀이 모두 보라색이야! 보라색 학교는 세상에 우리 학교밖에 없을 거야. 그리고 화장실 문은 핑크색이야. 화장실도 넓고, 소극장 같은 최신 시청각

실도 있어."

그맘때 여자아이들이 그러하듯 아이는 보라색을 좋아했다. 하늘에서 내리는 눈을 보라색 크레파스로 칠할 정도였다. 아직 완공도 되지 않은 건물에서 아이는 보라색 창틀을 보고 온 것이었다. 친구들과 헤어지기 싫어 전학은 안 되느냐고 눈물바람을 하더니, 보라색 창틀에 마음이 풀어져 자랑을 하는 것이다. 같이 간 친구들도 현관 로비랑 화장실이랑 넓고 예쁘다고 부러워했다는 것이다.

노란 벽에 보라색 창틀이라…. 게다가 화장실 문이 핑크색이라니. 내 마음도 슬며시 돌아서고 있었다.

20년 후.

학교 현관 맞은편에 작은 철문이 있다. 그 문으로 나가면 별관 음악실로 가는 통로가 나온다. 문은 회색인데 모서리는 칠이 벗겨져서 녹이 슬었고 문턱은 닳아서 쇠가 드러났다. 마침 행정실에서 페인트 작업이 있다는 걸 우연히 알게 되어 그 문을 노란색으로 칠하자고 내가 의견을 말했다. 문 옆에 인조나무가 있는데 나무의 초록색 이파리와도 잘 어울릴 것 같았다. 과연 노란색은 예뻤다. 문을 열고 나가면 좋은 일이라도 생길 것 같은, 잘 익은 레몬 빛이었다.

그런데 나중에 몇몇 남자 선생님들이

"유치원도 아니고 무슨 노란색?"이라고 했다는 말이 들려왔다.

그럼 '구글'이나 '아마존'은 유치원 아이들이 다니는 회사인가?

중학교에도 고운 색이 필요해! '노란' 문을 열면 음악실로 가는 길이 나온다.

어른에게도 그렇지만 아이에게 색깔은 비타민이나 미네랄 같은 필수영양소다. 어릴 때 처음으로 갖게 된 크레파스는 24색이었다. 특유의 향을 맡으며 이름을 외우고 배열 순서를 맞춰 보며 얼마나 즐거웠던가? 두 색을 배합하면 중간색이 나온다는 것은 또 얼마나 신기했던가? 그 후 48색과 64색을 갖게 되고 색상별로 채도와 명도에 따라 수많은 중간색이 있다는 것을 알게 되었다.

교복도 양말도 신발도 머리핀도 가방도 무채색만 허용되던 중고등학교 시절은 돌아보니 흑백사진이다. 무채색 교실에서 무채색 교복을 입고 무미한 지식을 외우며 그 시절을 건너왔다. 친구들이 없었다면, 존경하고 흠모하던 선생님이 아니었다면 어두운 터널과도 같은 시절이었다. 우리는 그러했지만 아이들에게는 세상이 얼마든지 다채로운 곳이라는 걸 알려 줘야 하지 않을까?

금 간 유리창에 하트 스티커

중학교 졸업한 지 13년 지난 제자들을 만났다. 1980년대, 너나없이 궁핍했던 시절, 서울로 경기로 부산으로, 공장이 있는 곳 일자리가 있는 곳으로 가서 나름의 자기 앞의 생을 헤치며 살아온 지 10여 년. 빈손으로 도시에 가서 얼마나 고생이 많았을지. 하고픈 공부를 중단한 아이도 있고 건강이 안 좋아 보이는 아이도 있었다. 얼굴에 그늘이 보이고 벌써 나이 든 흔적이 비치기도 했다.

아직 서른 전이라, 안정적인 자리를 얻지도 못했는데 중학교 선생인 나에게 서울 구경을 시켜 주겠다고 회비를 모아 비행기 표를 보내 주었다. 나는 아이들의 졸업앨범을 챙겨 들고 김포공항으로 날아갔다. 2월 졸업식장에서 '아이들은 강물처럼 흘러가고, 나는 강기슭에 버드나무처럼 한자리에 서서 떠나는 그들을 굽어보고 있다'고 생각했는데, 이제 바다로 떠나보낸 그들이 나를 다시 부른 것이다.

꽃다발까지 준비하여 공항에 마중 나온 녀석들, '얼마나 고생이 많았냐? 나는 선생인데 도시에서 고생하는 너희에게 아무런 도움도 주지 못했구나!' 그날 밤 우리는 울다가 웃다가 13년 전 종례시간에 반가 삼아 부르던 노래를 소리쳐 부르며 목이 메어 또 울다가… 그랬다.

"사노라면 언젠가는 밝은 날도 오겠지.

흐린 날도 날이 새면 해가 뜨지 않더냐~."

밤이 깊어지자 생각지도 못한 옛이야기들이 나왔다.

준이 　제가 친구에게 장난으로 먼가를 던졌는데 그만 유리창에 맞아서 금이 갔어요. 새로 끼우려면 행정실에 5,000원을 내야 했는데, 집에 가서 부모님께 그 돈을 주라는 말을 할 수가 없었어요.

걱정하면서 다음 날 학교에 갔는데 선생님이 유리창 금 간 자리에 색색의 하트 모양 스티커를 붙여 놓으신 거예요. 그리고 전보다 더 예쁘게 되었으니 걱정하지 말라고 하셨어요. 요즘처럼 스티커도 쉽게 구할 수 있는 것이 아니었어요. 학교 앞 문구점에서는 살 수도 없는 거였어요.

　　요즘은 유리도 이중인데다 두껍고 튼튼하고 창틀도 단단한데, 그때는 그렇지 못했다. 유리가 얇아 약하고 나무 창틀은 헐거워 비와 바람이 틈 새로 들이쳤다. 하지만 금 간 유리창에 색색의 하트 스티커라니, 기억이 나지 않았다.

나 　그게 13년 전 일인데, 어떻게 그렇게 자세히 기억하냐?

준이 　헤헤. 제 머리가 돌이잖아요. 돌에 새겨져서 지워질 수가 없는 거죠.

　　녀석들도 지금은 장성하다 못해 오십이 다 되어 늙어 가고 있다. 그들 중 둘은 나에게 결혼식 주례를 부탁하여 서툴게 주례를 하기도 했다. 그리고 말투도 글투도 극진하여 전화만 와도 가슴이 아리던, 내 딸 같은 아이, 한결같은 목소리로 안부를 묻고 모임을 주선하고 스승의 날과 명절을 챙기던 정이는 병을 얻어 두 해 전 여름 멀리멀리 떠났다. 어린 두 딸을 두고 어찌 눈을 감았을까? 나는 열여섯 살 얼굴로 녀석을 기억하고 싶은데, 마지막 만남이라고 문병 가서 본 상한 얼굴과 야윈 어깨가 잊히지 않는다. 이제 정이는 분신인 딸 속에 살아 있는 거겠지.

30년 후.

　그대, 웃어요.

　'참 소중한 너, 어서 와'

　좋은 일이 생길 거예요.

　나답게 살기

　책을 읽는 너, 너를 보는 나

　인터넷 몰에서 레터링 스티커를 주문했다. 유리나 매끈한 곳에 붙이면 깔끔하게 검은 글씨만 남는 스티커 타입으로 종이에 인쇄한 것과는 다른 느낌이다. 재치 있는 문구를 구경하며 고르기도 즐겁고, 택배 상자 열 때도 설레고, 학년별 아이들 성향에 맞는 걸로 나누기도 재미나다. 붙일 자리에 어울리는 걸 정해서 붙이는 건 아이들에게 맡긴다. 하지만 너무 많으면 느낌이 반감되니까 꼭 필요한 곳에 몇 개만 붙여야 한다. 그림이나 이미지가 아닌 글자는 더욱 그렇다.

　수업시간 아이가 운동장 쪽으로 고개를 돌리면 거기 구름 흘러가는 하늘과 둥근 산 능선을 배경으로 글귀가 보인다.

　'너는 충분히 반짝이고 있어.'

눈으로 구절을 한 번 읽고, 아이는 다시 선생님에게로 돌아오는 것이다.

이건 제주 여행에서 발견한 것이다. 바닷가 서점이었는데 흐린 바다 쪽 유리창에 없는 듯 조그맣게 글귀가 붙어 있었다.

'여기 오길 참 잘했다.'

'오! 이거 좋다. 우리 교실에도 붙여야지. 정말 여기 오길 잘했다.'

담담한 신명조체의 짧은 문구가 마음을 사로잡는다. 서점 관계자에게 어디서 샀느냐고, 뭐라고 검색해야 되느냐고 물었다.

토닥토닥, 마음을 위무하는 글자 스티커.
하늘과 구름을 배경으로

여행에서 돌아와 쇼핑몰 사이트에 들어가 보니 과연 예쁜 것들이 무궁무진하게 많았다. 역시 여행은 좋은 것이구나! 숙소 부근 기념품가게에서 산 해녀 모빌과 가렌더도 도서실에 걸었다.

제주도, 지친 심신을 오름에 누이고 하늘과 바다를 온몸에 품어 이전과는 다른 내가 되어 돌아오는 제주도 여행을 누군들 마다하랴? 그 제주도의 기억 한 자락을 도서실 모퉁이에 간직해 두었다가 한 번씩 바라보며 미소 짓는다.

마음을 두드리는 좋은 글귀를 많이 보면, 아이들은 자연히 심성이 고와지고 상대방의 마음을 상하게 하는 심한 말은 삼가고 고운 말만 하게 될 것이다.

글자 스티커를 여기저기 아는 선생님들께 소개했다. 좋은 정보를 서로 나누면 기쁨이 두 배 세 배가 된다.

아니 아니, 넌 언제나 예뻐. 포토존 명소(곤지암고등학교 최정구 선생님 제공)

이렇게 활용한 선생님도 있다.

'넌 먹을 때가 제일 예뻐.'

아이들과 함께 급식실 앞 벽을 이렇게 꾸며서 포토존 명소가 되었단다. 아이의 웃음이 싱그럽다. 급식실은 모든 아이들이 좋아하는 곳인데 포토존까지 있다니. 점심시간 풍경이 궁금하다.

피아노와 드럼이 있는 음악실, 그리다 만 수채화가 세워진 이젤들이 서 있는 미술실, 서가 사이에 숨다시피 앉아서 좋아하는 작가의 소설을 읽는 도서실, 벚꽃나무 아래 벤치. 학교에 아이들이 좋아하는 곳이 많았으면, 좋아하는 곳을 함께 만들어갈 수 있었으면….

새의 둥지, 아이의 둥지

집이 어떤 아이에게는 가고 싶은 곳, 편안하게 쉬는 곳이 아닐 수도 있다. 지붕과 벽은 있지만 추위와 더위와 유해한 벌레를 막아 주지 못하고, 안전하게 씻고 먹고 잠잘 수 있는 공간이 아닐 수도 있다. 또 물리적으로는 온전할지라도 자신을 지지해 주고 지켜 주는 어른이 없는 경우도 많다.

카페 '차 밥 나무'에서

그해 승이는 열세 살, 중학교 1학년이었다. 아버지랑 둘이 마을 가운데 마당이 넓은 집에 살았다. 굳이 문단속도 하지 않고 안방 문까지 다 열어 놓고 사는 마을 집집마다 거실 선반에 하나쯤 있는 돼지저금통은 다 그 아이 것이나 마찬가지였다. 마당에 자물쇠 없이 세워 놓은 자전거를 아무 것이나 집어타고 동전을 가지고 PC방에 가서 게임을 하곤 했다.

아이가 등교하지 않아 집에 가 보았다. 혹시 컴퓨터 게임을 하느라 밤을 새우고 아침까지 잠을 자고 있을까 짐작했다. 잠겨 있지 않은 대문을 밀고 들어가 마당에 서서 아이 이름을 부른다. 대답이 없다. 마당을 둘러보니 눈에 보이는 모든 물건이 발이 달려 사방으로 돌아다니다 그대로 멈춘 듯

어질러져 있었다. 방으로 들어가 보았다.

아이는 집에 없었다. 전기밥솥을 열어 보니 남아 있는 밥에 푸른곰팡이가 덮여 있고, 빈 소주병과 숙취해소 약병, 안전제일이라고 쓰인 작업복과 검정색 아웃도어들이 때가 묻은 채로 쌓여 있었다. 주방 겸 거실 겸 침실 겸 공부방으로 쓰는 방 하나에 아빠와 아들이 같이 덮은 이부자리가 펼쳐져 있는데, 이불깃에 누렇게 때가 눌어붙어 있었다. 납작하게 가라앉아 탄력이라고는 없는 베개 두 개도 마찬가지로 때에 절어 있었다.

아이는 조금 멀리까지 놀러 나갔는지 며칠 만에 돌아왔다. 친구들 몇 명을 불러 함께 식당에 데리고 갔다. 겉모습이 꾀죄죄했지만 우선 배가 고플 것 같아 밥을 먼저 먹으러 간 것이다.

'차 밥 나무'라는 이름의 카페는 목재를 다루는 예인이 운영하는 곳인데 눈에 보이는 모든 것이 세상에 하나뿐인 독특한 예술품이었다. 탁자도 식기도 조명도 화려하지 않으면서도 품격 있는 식당 겸 카페였다.

메뉴는 알밥. 아이들은 실내를 구경하고, 음식이 나오자 반듯하게 앉아서 소리도 내지 않고 먹었다. 그런데 내가 버섯나물을 식탁에 떨어뜨렸다. 바로 젓가락으로 집어서 치웠는데 내 옆에 앉아 있던 아이가 티슈를 뽑아 그 자리를 닦는다. 괜찮으니 어서 먹으라고 해도 한참 동안 힘주어 닦고 있다.

식탁은 아름드리 수입 통나무를 절반으로 잘라 모양을 살려 다듬은 것으로 밥상보다는 다탁으로 어울리는 작품이었다. 아이의 방을 떠올렸다. 밥알이 눌어붙은 채 싱크대에 쌓여 있던 그릇들과 빨랫감과 소주병들…. 장소에 따라 사람의 행동은 달라질 수 있는 거였다. 아이들은 음식을 흘리기라도 할까 봐 조심하며 먹었다. 양을 넉넉히 주신 밥그릇을 깨끗이 비우고 나서 아이가 말한다.

"선생님, 행복해요."

세상에…. 아이는 '배가 부르다'고 하지 않고 '행복하다'고 말했다. 쌀밥에 톡톡 터지는 알 소스, 버섯나물과 맑은 된장국, 친구들과 같이 먹으니 행복했을까?

'밥이란 배를 부르게 해 주는 게 아니라 사람을 행복하게 해 주는 것이구나. 살아가는 동안 닥쳐올 수많은 끼니를 너는 어디서 먹게 될까? 집이 있지만 집이라고 부를 수 없는 집, 너는 어디에 마음을 붙이고 살아야 할까?

책 『큰오색딱따구리의 육아일기』

그즈음 나는 특별한 책 한 권을 만났다. 책도 사람처럼 운명으로 만나지는 것이다. 『큰오색딱따구리의 육아일기』. 평소 자연과 생물에 관심이 없던 나는 제목만 보고 딱따구리 새 관찰기인가 보다 하고 건성으로 읽기 시작했는데, 점점 책에 몰입하게 되었다. 단순히 새에 관한 책이 아니었다. 자연과 생명, 그리고 인간을 꿰뚫은 책이었다. 딱따구리가 나무 등걸을 파내어 둥지를 만들고 알을 낳아 부화시키고 엄마 새 아빠 새가 아기 새에게 먹이를 먹여 키우고 스스로의 힘으로 날게 될 때까지의 모든 순간을 지켜보며 사진을 찍고, 따스한 시선으로 쓴 글이었다.

내가 온라인 서점에 리뷰를 올렸고 저자 김성호 교수님은 여기저기에 물어물어 연락을 해 와서 지금까지 만남을 이어 오고 있다. 언제라도 내가 청을 드리면 와서 내 아이들에게 특강을 해 주신다.

나는 리뷰에 이렇게 적었다.

"공중의 새들도 비바람을 피해 가장 안전한 곳에 둥지를 만들고, 부드러운 톱밥과 깃털로 그 안을 꾸미는데, 어린 아들 하나를 돌볼 여력이 없는 아빠의 심정은 어떠할까?…"

아이가 들어가야 할 집, 바닥에 때 묻은 이불이 깔린, 폐허와 같은 아이의 방을 떠올리며 쓴 글이었다.

그 후로 학년 초 가정방문 전에 미리 예고를 하고, 집에 가서 부모님이 안 계시는 경우 대충이나마 손이 가는 대로 마당의 물건을 치우고 공부방에서는 책상과 옷장 서랍을 열어 아이와 함께 정리를 하곤 한다. 그걸로 충분하지는 않지만 조금이라도 정리의 즐거움을 알게 하고, 먹고 쉬고 잠자고, 공부하는 자신의 방을 청소하려는 마음을 갖게 하기 위해서이다.

어미 새가 만든 둥지처럼 포근하고 쾌적하고 안전한 공간에서 몸과 마음을 편히 쉬고 아침이 오면 다시 힘을 내서 등교할 수 있는 보금자리가 절실하다.

1
내
어린 날의
교실

어릴 때 경험은 내가 선택한 것이라기보다 내게 주어진 것들이다.

주변의 어른들, 나를 사랑하고 염려하며 보살펴 준 어른들이

나에게 선물한 것들이다.

오감으로 경험한 것들은 사라지지 않고 평생 뇌리에 저장된다.

그런 기억들이 모이고 쌓여서 오늘의 나를 만들었으리라.

사람과 사물을 보는 눈, 사건에 대처하는 태도,

일을 만들고 진행해 나가는 방식 등을 결정하는 것이리라.

말로 표현하지 못하는 것들조차 핏속에 녹아 온몸을 돌아 흐르고,

뼛속에 퇴적해 켜켜이 단층을 이루고 있을 터였다.

생애 첫 교실

아침마다 내 머리를 빗어서 가르마를 나누어 땋아 주던 할아버지가 계셨다. 5일마다 돌아오는 장날이면 함께 아랫장에 가 창극단 공연을 보았다.

창극은 심청전, 춘향전, 장화홍련전 등이었는데 클라이맥스를 앞둔 막간에 진한 화장을 한 배우들이 바구니에 만병통치약을 담아 객석 사이를 돌아다니며 팔았다. 객석이라니, 그런 건 없었고 거친 멍석이나 돗자리에 편하게 앉으면 되었다. 할아버지가 약을 산 적은 없었던 것 같다.

돌아오는 길에는 어김없이 할아버지 등에 업혀 할아버지 냄새가 섞인 꿈을 꾸었다. 꿈에서 나는 왕후가 되어 눈 뜬 아버지 심 봉사를 만나고 궁중연회에서 춤을 추는 심청이었다가, 어사화를 꽂고 금의환향한 이몽룡을 재회한 춘향이었거나 했다.

집에 돌아오면 화문석 돗자리를 펴고 할머니 앞에서 춤을 추었다. 어쩌면 아랫장 가설극장이 나의 첫 교실이었는지도 모른다(나중에 잠시 우리 춤 강좌에 다닌 적이 있었는데 강사 선생님이 나에게 춤집이 들어 있다고 혹시 배운 적이 있느냐고 물었다).

어느 날 동생들과 어울려 인형놀이를 하고 있던 나를 할아버지가 따로 부르셨다. 연필을 뾰족하게 깎아 지나간 달 달력 종이 뒷면에 내 이름을 크고 반듯하게 써 주셨다. 여덟 살, 학교 갈 나이가 된 것이다. 글자 '강'은

'강'처럼, 글자 '정'은 '정'처럼, 글자 '희'는 꼭 '희'처럼 생겼다고 생각하면서 나는 쓰고 또 썼다. 획의 길이와 위치의 균형을 맞추어 쓰려고 애썼다. 할아버지 글씨는 궁서체였다. 말소리에 상응하는 기호가 있다는 게 신기했다.

할머니 아버지 어머니 동생들, 가족 이름을 다 쓰고 읽을 수 있게 되자 이번엔 한자 이름을 알려 주셨다. '곧을 정'자가 어쩐지 나의 성격과 삶의 자세 같은 것을 정해 주는 것 같다고 생각하면서 외웠다. 역시 획의 길이와 두께의 균형이 맞아야 했다. 할아버지가 칭찬을 많이 해 주셔서 나는 언제나 우쭐했다.

할아버지 할머니를 떠나 부모님이 근무하는 초등학교에 갔다. 아마도 주말 지나고 월요일에 가다 보니 입학식을 못한 것 같았다. 운동장 조회시간 나는 맨 앞줄에 서 있었다. 마이크를 든 선생님이 '앞으로 나란히'라고 외쳤고 그 구령에 맞춰 아이들이 일제히 두 손을 앞으로 쭉 폈다. 나도 아이들을 돌아보고 따라 했는데 선생님이 오셔서 내 팔을 가만히 내려 주셨다. 조회가 끝나고 1학년 1반 노란색 깃발을 든 선생님을 놓칠세라 긴장하며 생애 첫 학교 교실로 들어갔다.

한글을 익혀서 온 아이가 거의 없었다. 나는 대나무 지휘봉을 들고 교단에 서서 아이들에게 한글을 읽힌다. 선생님은 초록 칠판에 하얀 분필로 글자를 써 주고 나를 지켜보고 계신다. 내가 글자를 한 자씩 짚으며 선창을 하면 아이들이 따라 읽는다.

"우리나라. 학교. 운동장. 선생님. 동무…"

할아버지가 써 주시던 궁서체였다. 받아쓰기도 하고, 크다와 작다, 동무와 친구, 반대말과 비슷한 말도 찾고, 그렇게 배운 글로 저녁에는 그림일기를 그렸다. 24색 크레파스 중 검정색은 사람의 머리카락을 칠해야 했으므로, 노랑과 주황과 빨강과 초록은 꽃과 나무를 그려야 했으므로 금방 닳았다. 주말에 할아버지를 만나러 갈 때는 그림일기와 공책을 가지고 갔다.

지금은 민속촌이 된 낙안읍성, 학교 건물이 사라졌지만 내 생애 첫 교실은 내 기억에 생생하게 남아 있다.

담임 선생님 집 마당은 비밀의 화원이었다. 색색의 장미와 작약, 맨드라미, 국화 들이 마당 가득 피었었다. 선생님은 소담한 꽃송이를 신문지에 싸서 종종 들고 오셨다. 얼굴도 방그레 웃는 꽃이셨다.

21년 후.

초록 칠판 앞에 서서 대나무 막대로 단어를 짚어 가며 선창을 하던 아이는 국어 선생이 된다. 시와 소설이 나오면 흥이 났지만, 문교부에서 만든 국어 교과서는 아이들이 배우기에 재미없어서 시와 짧은 소설과 신문기사로 읽기 자료를 만든다. 아이들을 재미있게 해 주기 위해 영화를 보고 책을 읽고 노래도 연습했다.

요즘.

아침독서 가는 길, 교정에서 마가렛, 여뀌, 달개비 등을 꺾어 들고 간다. 올더스 헉슬리의 미래소설 『멋진 신세계』에서도 나오듯이 독서 명화에서도 책과 꽃은 한 세트. 독서하는 사람 옆에는 항상 꽃이 있다.

"집은 책으로, 정원은 꽃으로 가득 채워라." –앤드류 랑그 꽃이 있는 테이블에서 독서로 하루를 시작하는 아이들!

아침독서에 필요한 것들. 꽃과 차와 쿠키와 향초   그리고 마음에 와닿는 책 한 권

5월 8일은 어머니날이었다. 우리 교실은 옆 교실 또 그 옆 교실과 벽을 터서 강당으로 변신했다. 교실이 부족하던 때 나무문으로 막아서 교실로 쓰다가 필요하면 문을 떼어 내고 강당으로 사용했다. 어머니날 학예회에는 구름처럼 많은 어머니들이 치마저고리를 차려입고 왔다. 우리는 평소에 연습한 감사 인사말과 「토끼와 거북」 연극과 〈어버이 은혜〉 합창을 하고 부채춤 군무도 추었다.

무대 공연이 끝나면 운동장 벚나무 아래에서 2부 잔치가 벌어졌다. 연분홍 한복을 차려입고 온 어머니들이 장구 장단에 맞춰 '두만강 푸른 물에 노 젓는 뱃사공~'을 부르며 춤을 추었다. 5월, 벚꽃 잎은 축복처럼 공중에 흩날리고, 어머니들의 저고리 옷고름은 길게 풀어져 날리고, '그리운 내 님이여~'라고 계속 도돌이표로 반복되는 곡조는 슬프고도 구성졌다. 어머니들이 보여 주는 즉흥 공연이었다. '바다가 육지라면'에서 가정법을, '가슴 아프게'에서는 갈매기의 마음과 하나 되는 감정이입을 배웠다. 어머니 합창단이 부른 '눈물 젖은 두만강'과 '바다가 육지라면'은 지금도 나에게 고전 명곡이다.

최근 학생 수가 줄어드는 농산어촌에서 학교는 마을을 살리는 중심 기관으로 주목받고 있다. 며칠 전 학부모 대상 평생교육으로 목공 수업을 했다. 일이 끝난 저녁 시간에 엄마 아빠들이 모여 아이들을 위한 탁자와 의자와 평상을 만들었다. 바쁜 부모님 대신 고모가 오시기도 했다. 마치 선생님 앞에서 어려운 수행과제를 해내는 학생들처럼 열심을 다해 협동하여 작품을 만들었다.

수업 후에는 도서실과 교실로 안내하여 아이들이 사는 공간을 소개해 드렸다. 저녁독서를 하면서 기다리던 아이의 자리에 나란히 앉아 보고, 아이의 사물함을 열어 보고, 게시판을 둘러보고 사진도 찍었다. 교실에 들어서자마자 아이의 자리로 다가가 의자에 흐트러져 있는 담요를 반듯하게 접어 주는 윤이 고모도 인상적이었다.

부모님의 교실 체험이었다. 자녀를 키우고 학교에 보내면서 부모는 다시 유년기와 청소년기 그 시간을 다시 살아 보는 것인지도 모른다. 부모님이 교실을 찬찬히 둘러보고 간 다음 날 아이들은 뭔가 조금 달라진 듯 보였다.

예술가가 될 거예요

초등학교 2학년 어느 국어 시간, 선생님이 우리에게 장래 꿈이 무엇인지 물으셨다. 예나 지금이나 어른들은 아이들의 꿈을 궁금해한다. 아이들은 당연히 꿈을 하나 이상 정해 놓았다가 어른이 물으면 바로 답을 해야 할 의무가 있는 것 같다. 꿈은 자신에게 어울리면서도 특별한 것이어야 한다.

경찰, 과학자, 우주 비행사, 버스 운전사, 대통령, 장군…. 앞자리 아이들이 발표하는 동안 나는 궁리했다. 모두가 깜짝 놀랄 만한, 아무도 모르는, 세상에 없는 멋있는 꿈을 찾아내야 했다. 드디어 네 번째 줄에 앉은 내 순서가 되었다.

"저는 예술가가 될 거예요."

선생님은 놀라지도 않고 다시 물으셨다.

"예술에는 음악, 미술, 무용, 연극 등 여러 분야가 있는데 그중 무엇을 하고 싶으냐?"

나는 당황했지만, 오래전부터 생각해 온 것처럼 바로 대답했다.

"화가가 되고 싶어요."

교실 벽에 액자가 걸려 있었다. A4 크기의 복사본 「만종」, 이발소에도 그와 비슷한 액자들이 있었던 것 같다.

인쇄 상태는 흐릿했지만 내 기억에는 선명하게 남아 있다. 화가가 되고 싶다고 소리 내어 발표하고 보니 나는 이젤 앞에서 그림을 그리고 있는 미래의 내 모습이 눈앞에 보이는 듯했다.

50년 후.

나는 지금까지 그림이라면 한 장 제대로 완성해 본 적이 없다. 화가 선생님이 가르치는 방과후 미술반 아이들 옆에서 배워 보려고도 했지만 선 하나를 내리긋는 것도 쉽지 않았다. 대신, 학교 여기저기에 그림을 붙인다. 명화 패널을 사고, 달력 그림을 잘라서 액자에 넣고, 잡지와 포스터에서 발견한 색다른 일러스트를 골라 상자에 붙여서 세워 두기도 한다.

세잔, 르동, 함메르쇠이, 르네 마그리트.

정물화, 꽃그림, 인물화, 초현실화.

교실과 복도 벽면에 그림 한 점만 걸어도 주변이 환해진다.

아이들은 중학교 때 본 그림들을 평생 기억할 것이다. 구겐하임 미술관, 프라도 미술관, 오르세 미술관, 건물도 아름다운 세계의 미술관들, 어느 나라 여행을 가든지 미술관을 찾아 들를 테고, 원화 앞에서 중학교 교실과 복도를 떠올릴 것이다.

(몇 해 전 어렵게 일정을 잡아 교사연수여행을 갔다. 여정은 자연경관을 둘러보는 케이블카 탑승, 음악당 미술관 박물관 작가 생가와 기념관 방문 등이 포함되어 있었는데, 저녁 식사시간이 촉박하다는 이유로 기대하던 미술관과 작가기념관을 생략하고 식당에 일찍 도착하여 적지 않은 시간을 기다렸다.)

도서실에서 보낸 1년

초등학교 3학년 되던 해, 학교에 처음으로 교실 한 칸짜리 2층 건물이 생겼다.

외벽으로 난 계단을 올라가 문을 열면 복도를 막지 않은 넓은 교실이 나왔는데 복도에 해당하는 부분이 도서실이었다. 면 소재지이지만 베이비붐 세대가 초등학교를 다니던 당시 학급 재적은 60명이 넘었고 교실이 부족해서 도서실을 따로 둘 상황이 안 되었으리라. 지금처럼 책이 다양하거나 장서가 많았던 건 아니고 서가 서너 개에 인쇄 상태가 조악한 동화책이 듬성듬성 꽂혀 있는 정도였다.

나는 말하자면 복도 도서실의 도서관장이었다. 검은 표지 대출부에 이름을 기록하고 책을 빌려주었다. 반납을 받아 서가를 정리하고 찢어진 책장은 종이를 잘게 잘라 풀칠을 해서 붙였다. 투명접착 테이프나 도서 전용 보수 테이프가 없었으므로 종이를 붙일 때는 문장을 피해 여백에 붙여야 했다.

담임 선생님이 도서 관리를 맡으셨던 모양이다. 그동안 부모님이 퇴근할 때까지 오후 내내 학교 운동장을 돌아다니며 놀았는데, 이제 일이 생긴 것이었다. 선생님을 도와 책을 정리하는 일은 즐거웠다.

나는 내 책이 갖고 싶어서 아버지에게 동화책을 사 달라고 졸랐다.

"도서실에 있는 책을 다 읽으면 사 주마."

나는 책을 갖고 싶어서 책을 읽었다.

『소공자』, 『소공녀』, 『엄마 찾아 삼만 리』, 『해저 이만 리』, 『모비 딕』, 『장발장』, 『알프스 소녀 하이디』, 『김찬삼의 세계여행』…

권수를 세어 가며 읽었다. 『새 교실』 같은 교사용 간행물과 몇 권의 복본을 제하면 권수가 많지 않아 오래 걸리지는 않았다. 드디어 아버지는 계몽사 양장본 소년소녀세계명작 전집 50권을 사 오셨다. 하얀색 하드보드 표지에 4칸 책장이 세트 구성이었다.

도서실 겸 교실에서 보낸 1년, 그 1년이 나를 지금의 이런 모습으로 만들지 않았을까? 그때 나는 열 살이었다.

햇볕을 조심하느라 여름이면 흰 장갑과 챙이 있는 모자에 긴 소매 블라우스를 입고 다니시던 담임 선생님도 기억난다. 선생님은 오후에 따로 남아 한글을 깨치지 못한 친구를 도와주라고 하셨다. ~님이라는 이름의 친구 옆에 앉아서 국어책 읽는 걸 보고 있다가 막히거나 틀리면 가르쳐 주었다. 나중에 글을 잘 읽게 되었는지는 모르겠다. 그보다 그 친구는 머리를 잘 감지 않았는지 냄새가 심하게 났지만 나는 아무 말 않고 참았다.

읽기 공부가 끝나면 선생님과 친구들 몇 명이 그 아이를 집에 데려다주었다. 오는 길에는 저수지 둑 위에 앉아 노래를 부르며 놀았다.

"저 멀리 하늘에 구름이 간다.

외양간 송아지 음메음메 울 적에

어머니 얼굴을 그리며 간다.

……"

저수지 수면에 물무늬를 만들고 건너온 바람은 우리 노래를 싣고 멀리 들판으로 불어갔다.

수수께끼 내기도 했다.

나　　내 것인데 남이 더 많이 쓰는 것은?

반장　정답! 지우개.

나　　아니야. 답은 이름이야. 내 이름인데 남이 부르잖아.

반장　내 지우개를 네가 더 많이 쓰잖아?

그 수수께끼는 동아전과에 나온 것이었고, 반장은 그즈음 정말 커다란 지우개를 가지고 다녔다.

저수지 둑은 넓은 교실이었다. 하얀 삐비꽃 가득한, 풀 내음 향긋한 꿈 속의 교실이었다.

24년쯤 후.

도서업무를 맡는데 도서실에 책이 없었다. 자물쇠가 달린 깊은 책장(책을 두 겹으로 꽂을 수도 있는 깊이였다)에 꽂힌, 세로 2단으로 인쇄된 세계고전 명작전집은 아이들이 가까이하기에 표지부터 매력이 없었다.

『여자의 일생』, 『테스』, 『적과 흑』, 『몽테크리스토 백작』….

명작이고 고전이었지만 아무도 읽고 싶어 하지 않았고 나도 읽자고 권할 수가 없었다. 나는 한 달 월급을 다 내어 창비 어린이문고와 산하 어린이문고를 샀다. 초록색 우유박스에 책등이 보이도록 두 줄로 꽂아서 들고 3층까지 오르내리며 수업시간에 빌려주고 읽게 했다.

이동도서관이었다.

『몽실 언니』, 『무명저고리와 엄마』, 『문제아』, 『울면서 하는 숙제』, 『집을 나간 소년』, 『날마다 크는 아이』….

종례시간에 먼저 파한 반 아이들이 복도에서 내가 준 책을 읽으며 우리 반 아이들을 기다릴 때 흐뭇했다.

아이들이 자라서 졸업을 하고, 그 책은 내 딸과 아들이 받아 읽었다. 많이 돌려 읽어서 좀 낡았지만 아이들의 손길과 눈길이 닿은 소중한 책이다.

언제부터인가 도서 구입 예산이 학교 운영비의 4%로 정해지고 도서실 장서도 점차 늘어 갔다.

지금도 나는 도서실 정리를 하고, 아침독서를 하고, 더듬더듬 한글을 읽는 아이를 따로 불러 낭독을 시키며 국어 선생으로 살고 있다. 도서실은 나의 일부이다, 아니다. 내가 도서실의 일부이다. 깊고 어두운 밤하늘에 차가운 보석처럼 영원히 빛나는 작가와 학자와 예술가들, 불멸의 스타들이 서가에 등을 맞대고 나란히 있다. 물론 동시대를 살아가는 스타들도 많다. 그들의 이름을 불러내 아이들에게 안내해 주는 일은 언제나 경이롭다. 천국이 있다면 그곳은 도서관과 같을 거라고 보르헤스가 말했다. 나는 작은 천국의 문지기이자 안내자다.

앞문으로 오신 할머니

내가 6학년이 되자 부모님은 중학교에 보내기 전 1년은 도시의 큰 학교에서 공부하기를 바랐고, 할머니 할아버지가 계시는 곳 학교로 전학을 보냈다. 건물이 크고 교실도 많고 학급 수와 학생 수가 많은 학교였다.

어느 여름날 오후 소나기가 쏟아졌다. 수업 중이었는데 갑자기 앞문이 드르륵 열렸고 귀에 익은 목소리가 내 이름을 큰 소리로 불렀다.

"정희야!"

할머니가 우산을 가지고 오신 것이다. 그런데 수업 중에 앞문을 열고 오신 것이다. 선생님 말씀에 다들 집중하고 있을 때 할머니 목소리는 얼마나 크게 들렸던지. 선생님과 60여 명의 아이들이 일제히 고개를 돌려 할머니를 바라보았다. 비녀로 쪽을 찐 머리에 체구도 작은 할머니가 일바지를 무릎까지 올리고 고무신을 신은 채 빗물을 뚝뚝 흘리면서 복도에 서 계셨다. 나는 홍당무가 되어 우산을 받아들고 들어왔다.

그때는 창피하다는 생각밖에 없었는데 나중에 돌이켜 보니 할머니는 어떻게 우리 교실을 찾았을까, 얼마나 긴장하고 또 놀랐을까 하는 생각이 들며 죄송했다. 2층 건물에 6학년만 해도 8반까지 있는데 안내도 없이 혼자 어떻게 찾아왔는지 모르겠다. 교실 문을 열었을 때 얼마나 놀라셨을까?

그 큰 목소리에 두려움이 섞여 있었던 것을 나는 나중에야 알 수 있었다.

다행히 할머니는 100세까지 사시면서 내 결혼식에도 오시고 내가 낳은 딸도 안아 보았다. 많이는 아니지만 용돈도 드렸다. 어린 나에게 장차 대통장(대통령) 부인이 될 사람이라고 덕담을 해 주시던 할머니였다.

내 6학년 5반 교실에는 항상 그날 비에 젖은 채 우산을 들고 오신 할머니가 함께 있다.

30년 후.

할머니 할아버지와 사는 아이들이 많다. 그런데 국어 교과서엔 '엄마'가 많이 나온다. 너무 많이 나온다. 엄마라는 존재는 한때 나와 분리되지 않은 나자신이고, 나의 배후이며, 또한 나의 상처이다.

시에 수필에 소설에 다른 듯 같은 모습으로 등장하는 엄마. 그중 기형도 시인의 시 「엄마 걱정」은 가장 조심스러운 단원이다. 여러 가지 이유로 엄마랑 같이 살지 않는 아이들이 아무렇지 않은 목소리로 시를 낭송하고 아무렇지 않은 표정으로 앉아서 설명을 듣는다. 나는 단어 하나하나를 신중하게 고르고 아이들의 눈치를 살핀다. '엄마'를 말해야 할 때 반드시 '할머니'를 같이 언급하고, '엄마 아빠'를 말해야 할 때는 '할머니 할아버지'를 같이 이야기한다. 그럴 때는 어쩔 수 없이 목소리에 힘이 들어가고 말하는 속도도 조금 빨라진다. 속내를 들키지 않으려고 최대한 자연스럽게 말한다.

그리고 수업시간에 우산을 가지고 앞문으로 오신 내 할머니 얘기도 해 준다. 할머니 할아버지와 사는 아이, 아빠랑 사는 아이, 고모랑 사는 아이 들에게 작은 위로라도 될까 해서다. 하지만 해 질 녘 엄마 없는 집, 엄마 없는 안

방, 엄마 없는 주방의 쓸쓸함을 그 무엇으로도 어루만져 줄 수 없으리라는 것을 모르지 않기에 나는 단념한다. 하지만 할머니 할아버지 두 분이 잘 키운 아이를 기억한다. 독서도 잘하고 문해력도 좋은 그 아이에게는 달력 종이를 잘라 뒷면에 자를 대고 줄을 그어서 한자를 써 주고, 매일 한자 쓰기 과제를 내서 확인을 하시는 할아버지가 계셨다. 축제 하는 날 오셔서 무대 위에서 코믹 댄스를 추는 손주에게서 눈을 떼지 못하고 시종 활짝 웃으시던 모습은 영영 안 잊힐 것 같다. 아이를 멀리 기숙사가 있는 고등학교에 보내고 두 분은 어찌 지내고 계실까?

지금은 학교 현관 우산꽂이에 새 우산이 가득 준비되어 있다. 하굣길에 갑자기 비가 내리더라도 걱정이 없다. 누구든 꺼내 쓰고 가서 다음 날 가져오면 된다. 우산을 들고 마중 나올 사람이 없어도 괜찮은 것이다. 또 준비성이 좋은 아이는 사물함에 접이우산 하나쯤은 미리 넣어 두기도 한다.

장엄한 강당과 벚꽃 벤치

중학교는 추첨을 해서 집에서 멀리 떨어진 사립 기독교계 학교로 가게 되었다. 시내를 다 통과하여 걸어가는 등굣길에는 구경거리가 많았다. 5일마다 개봉하는 영화관 간판도 감상하고, 상영 날짜와 프로 제목을 외워서 친구들에게 알려 주기도 한다. 그래서 지각도 자주 했다. 재단에는 고등학교도 같이 있어서 교정이 넓고, 특히 돌로 지은 강당이 웅장하였다. 요일별로 열리는 강당 예배에서는 다 함께 부르는 찬송가와 성경 낭독하는 소리가 강당의 높은 천장을 울릴 때 듣기 좋았다. 부활절과 추수감사제 예배는 고등학교와 합동으로 보는데 성악과 기악을 전공할 고등학생들의 노래와 연주는 수준 높은 공연이었다.

특별히 목소리가 예쁜 친구가 있었다. 어버이날이나 스승의 날 행사에서 그 친구가 감사 편지를 읽을 때면 처연한 낭송에 아이들이 모두 훌쩍거리다가 나중에는 아주 목 놓아 우는 사태가 벌어지곤 했다.

벚꽃 아래 벤치에서 친구가 내 시를 낭송하다가 말한다.

"어른이 되면 너는 시를 쓰고, 나는 네 시를 낭송해서 시집과 시 낭송 테이프를 세트로 만들어서 팔자."

아무렇게나 쓴 시도 친구가 낭송하면 명시로 들렸다.

영어 발음도 좋았던 그 친구는 서울로 대학을 가고 어쩌면 지금 미국에서 사는지도 모른다.

강당은 지금도 의연히 서 있고 벚나무는 그때보다 조금 더 우람해져서 계절을 잊지 않고 꽃을 한가득 피운다.

학교에 장엄한 강당이 있어야 하지 않겠는가?

그 후.

종교생활은 하지 않지만 모든 종교를 궁금해하고 배우고자 한다. 종교란 으뜸가는 가르침이 아니던가?

고등학교에 가서 한동안 토요일에 조계종 포교당에 가고 일요일에는 교회에 갔다. 가끔 성당에도 갔다. 원불교 책도 사서 읽고, 서울에 여행 갔을 때는 궁금해서 이태원 이슬람 사원에도 들렀다. 하지만 지금 종교가 있느냐고 물으면, 나는 대답한다.

"모든 종교를 좋아하지만 지금 제 종교는 학교입니다. 겨우 학교에 다니고 있습니다."

웃으려고 한 말인데 말하고 보니 마음에 들었다.

그 밤에 우리 넷은

무슨 얘기였는지 내용은 하나도 기억나지 않는다. 숙, 란, 경, 나, 우리 넷은 어둑한 교실 바닥에 앉아 몇 시간째 수다를 떨고 있다. 고2였지만 야간 자율학습이 없었다.

복도에서 저벅저벅 발소리가 들린다. 우리는 책상 아래로 엎드려 숨을 죽인다. 출입문이 드르륵 열리고 플래시 불빛이 교실 여기저기를 빠르게 비춘다. 문이 닫히고 불빛이 지나가자 비로소 후유 숨을 내쉰다. 경비 아저씨가 3층으로 올라갔을 즈음, 가방을 들고 살금살금 건물을 빠져나온다. 교문 밖에 나와서는 다시 까르르 웃고 떠들며 뛰기 시작한다.

교실에는 60조가 넘는 책걸상과 교탁과 칠판, 청소함 외에 아무것도 없었지만, 그래도 그 공간은 우리에게 집이고 방이고 우주였다. 우리는 여고 2학년이었다. 밤새워 얘기하고 그대로 다음 날 아침에 하루를 시작할 수도 있었다. 아, 밤새워 한 얘기 중 하나는 기억난다. 어른이 되면 넷이 돈을 모아 고아원을 짓자고, 각서 비슷한 걸 만들고 지장을 찍기도 했다. 그건 어디로 갔을까? 교실은 우정을 쌓고 친구를 사귀는 곳, 우리 넷은 지금도 친구이다.

"우리, 작은 폐교 하나 사서 놀이터 삼아 가꿔 보자. 늙어서 요양병원에 가지 말고 서로 도와 가며 살자."

가장 부지런한 친구 숙이 하는 말이다. 우리는 자신이 없어서 대답을 미룬다. 나는 '노후까지 학교에서 살아야 하나.' 생각하느라 대답을 못 한다.

20년 후.

TV 예능 프로그램이든 학교 체험학습 프로그램이든 1박 2일이 대세다. 밤에 우리 영혼은 무장해제하고 서로에게 더 가까이 다가간다. 검정 실크처럼 부드러운 어둠 속에서 내밀한 이야기를 털어놓고, 고요 속에서 다른 이의 이야기는 더 잘 들린다. 말하지 않은 것까지도 알아챌 수 있다.

'교실에서 하룻밤', '도서실 밤샘독서' 같은 프로그램을 만들었다. 주말을 앞둔 금요일 밤이나 방학식 하는 날이 좋았다. 체육대회와 같이 하면 남자아이들이 좋아했다.

저녁밥 해 먹기와 요리 대회, 영화 보고 토론하기, 책 읽고 토론하기, 요가와 명상과 묵언 산책 등등 재미난 게 끝도 없이 많다.

밤을 함께 지낸 사람들은 이전과는 다른 사이가 된다. 친구들이나 선생님과 서로 비밀을 나눠 가진 듯 특별한 사이가 된다. 밤을 지냈던 공간도 특별한 공간이 된다. 그래서 사랑하고 아끼게 된다. 오래 기억하게 된다. 그 따스한 기억으로 쓸쓸한 세상 견딜 수 있게 된다.

빈 강의실에서 에리히 프롬을 읽다

대학에서는 교실을 강의실이라고 불렀다. 101실, 202실, 301실, 수강 신청한 시간표대로 가방을 들고 찾아 강의실을 다녔다.

도서관에 자리를 잡고 빈 시간마다 가서 안정적으로 공부를 하는 친구들이 있었지만, 나는 주로 학생회관 2층 동아리실에서 지냈다. 고전 기타반이었는데, 사람들이 복도까지 차지하여 일정한 거리를 두고 면벽한 채 기타 연습을 했다. 왼손 손가락 끝에 기타줄 자국이 패이고 굳은살로 딱딱해지도록 면벽수행을 했다. 알베니스의 전설과 타레가의 곡들이 뒤섞여 학생회관 입구에서부터 울렸다. 나는 기타만 들고 다녔지 그다지 열심히 하지는 않았다. 그래도 동아리실은 청각으로 기억되는 환상적인 공간이었다.

강의실에는 칠판과 교탁과 의자 외에는 아무것도 없었다. 책상이 붙어 있는 의자는 움직일 때 주의를 기울이지 않으면 듣기 거북한 쇳소리가 났다. 거의 모든 책상 다리에 붙은 고무 바킹이 닳아 있었다.

어문계열로 입학하여 뜻이 맞은 우리 넷(아니 다섯이었나?)은 빈 강의실을 찾아다니며 영어 독해를 했다. 교재는 에리히 프롬의 『사랑의 기술』. 챕터를 나눠 미리 해석을 해 와서 서로 강독을 해 주는 식이었다. 검정 바탕 표지의 문고본 『사랑의 기술』이었다. 누가 제안했는지는 기억에 없다. 그 한 권

공부를 마치고 영어 독해 실력도 늘었고, 에리히 프롬의 다른 책들을 찾아 읽게 되었다.『자유로부터의 도피』,『소유냐 삶이냐』,『지금 우리는 어디에 있고 어디로 가고 있는가』등이었다.

1년 후 중국어, 영어, 국어교육과 등으로 다들 흩어졌지만 에리히 프롬을 공부하던 기억만은 오롯이 남아 있다. 아무것도 없는 황량한 강의실에 친구들이 있었다.

그 후.

그중 한 친구는 젊어서 사고로 멀리 떠났고, 다른 친구들은 어디서 어떻게 사는지 알지 못한다. 에리히 프롬을 읽었기에 어지러운 세상에서도 중심을 잃지 않고 잘 살아가고 있으리라.

물이 흘러가듯이 사람도 흘러가는 것인가. 그리운 것은 그 친구들인지 그들과 함께했던 그 시절인지.

『사랑의 기술』, 언젠가 다시 읽어 봐야겠다. 읽을 수 있을까?

공장 창고에서 '상록수'처럼

대학 2학년 때, 우연히 야학 봉사에 나가게 되었다. 그것은 정말 우연이었을까? 겨울방학을 앞둔 고전문학사 수업시간, 옆자리 남학생이 원고지 뭉치를 읽고 있다가 내가 들여다보니, 야학 학생들이 쓴 작문 과제라며 몇 작품을 넘겨주었다. 서툴게 쓴 문장이라 그런지 글 내용이 더 애절했다. 하나같이 자신의 어려운 가정형편을 서술하고, 비관과 염세를 토로하였다. 마지막에 자신은 절대 결혼을 하지 않을 작정이고, 혹시 결혼을 하더라도 아이는 절대 낳지 않겠다는 다짐을 밝혀 놓은 글이었다. 글제는 '나의 미래'였다.

수업이 끝나고 자세히 물으니 나더러 관심이 있으면 자기 대신 국어를 가르치라고 한다. 곧 겨울방학인데 자신은 시골에 내려가야 한다. 하숙비와 교통비를 내는 게 여의치 않다는 게 친구 말의 요지였다.

잠사공장 야학, 당시 내 또래의 여자애들이 낮에는 공장에서 일을 하고 저녁에 검정고시 준비를 하는 곳이었다. 공장 건물도 허름했는데 뒤편에 창고처럼 이어 붙인 것이 교실이었다. 고르지 못한 흙바닥에서 책상이 뒤뚱거렸고 차가운 밤공기와 외풍을 석유난로 하나로 견디며 공부를 했다. 대학생들이라 가르치는 것도 서툴렀을 터인데 얼마나 열심히 듣고, 메모를 하던지 매번 숙연해졌다. 종일 약품 섞인 물에 손을 담그고 누에고치에서 실을 뽑아내느라 손은 퉁퉁 불어 있었다. 그 손으로 볼펜을 잡고 꾹꾹 눌러 가며 김소월의 「진달래꽃」을 적고 상용한자를 몇 번이고 덮어 썼다.

그런 교실이 있었다. 대학생들이 운영하던 학교, 교무회의도 하고 환경 정리도 하고, 학사일정대로 체육대회도 하고 소풍도 갔다. 학교 이름은 '상록야학'이었다.

3년 후.

심훈의 『상록수』 단원을 배울 때면 그 창고 교실이 떠올랐다. 1년 이상 다녔으니 분명 사계절을 다 보냈는데, 이상하게도 그 교실을 떠올리면 배경이 항상 겨울이다. 일제강점기도 아니고 광복이 되고도 30년 이상이 지났는데, 세상은 별로 달라지지 않은 것 같았다. 나는 여자 주인공 채영신이라도 된 듯 비감해져서, 목이 메곤 했다.

단원을 마칠 때면 아이들에게 양희은의 <상록수>를 들려주고, '상록야학' 이야기도 해 주었다. 책상에 앉아 무심한 표정으로 그 이야기를 듣던 아이들도 중학교를 졸업하고, 서울, 부산, 경기, 공장이 많은 도시로 떠났다. 아니, 도시의 공장으로 갔다. 추석 쇠러 온 동네 언니를 따라 졸업도 하기 전 2학기 가을에 가 버린 아이도 있었다. 가서 고등학교 과정을 야학에서 공부하고 검정고시에 합격했다는 소식을 전해 오기도 했다.

2
집보다
학교

오래전 '학교는 죽었다'거나 '탈학교의 사회'를 말한 학자들이 있고

오늘날 자녀를 학교에 보내지 않고 홈스쿨링을 하는 부모들이 있지만

학교는 아주 죽지 않았고

오늘도 아이들은 학교에 온다.

학교보다 가정이 먼저이지만

아이들은 주중 깨어 있는 시간 대부분을 학교에서 산다.

너무 많은 시간을 학교에서 산다.

공간이 인성을 바꾼다

인간은 시간과 공간, 두 축을 산다. 공간은 시간을 좌우한다. 공간은 삶의 기본 조건이고, 삶 그 자체이며, 바로 우리 자신이다. 공간이 인간에게 얼마나 중요한지는 이미 뇌과학 심리학 의학 경제학 등 여러 분야에서 연구하여 주목할 만한 결과를 내놓았다.

일상의 공간을 다루는 도서와 방송 프로그램도 늘어났다. 물건 버리기, 집 정리하기, 방 꾸미기 등을 작업 전후로 비교하여 보여 주는 방식이다. 집 고쳐 주기나 집 공간 정리 후 주인공들의 반응을 보면 하나같이 감동하여 눈물을 흘린다. 힘들었던 나날의 삶이 공간에 고스란히 담겨 있고, 비우기와 정리로 새롭게 변화한 공간에서 감정이 복받치는 것이다.

'공간이 인생을 바꾼다'고 한다. 나는 '공간이 인성을 바꾼다'고 말해 본다. 학교에서 공간을 주목해야 할 이유이다. 학교는 교사와 아이들이 사는 집, 교실은 아이들의 방이다. 유년기와 청소년기, 낮 동안 깨어 있는 20,000시간을 사는 방이다. 연속된 시간으로 2년 3개월이 넘는 기간이다. 아이들이 7세에서 19세까지 12년간, 우정을 나누고, 지식과 예의를 배우고, 먹고 놀고 쉬는 곳이다. 하루라도, 한 시간이라도, 한순간이라도 정성을 다해야 하는데, 자그마치 20,000시간이다.

'인생을 준비하는 곳', '미래를 대비하는 곳'이라는 표현은 옳지 않다. 인생이란 어느 먼 지점에서 우리를 기다리고 있는 것이 아니며, '미래'는 말 그대로 '오지 않는' 것이다. 삶이란 바로 '지금 여기'를 사는 것, 그러므로 교실은 '지금 당장 여기의 삶 그 자체'이다.

부모 된 이는 누구나 아이에게 좋은 것을 주려고 애쓴다. 맛있고 영양가 높은 음식을 먹이고, 부드럽고 질 좋은 옷감으로 만든 옷을 입히고, 안전하고 안락한 집에서 고운 것을 보고 듣고 즐기며 성장하도록 돕는다. 넓은 집으로 옮기고 큰돈을 들여 리모델링과 인테리어를 한다. 아이의 장래를 좌우하는 공부방은 기능과 심미와 풍수까지, 가능한 모든 것을 고려하여 갖추고 꾸며 준다. 즉 최상의 경험을 주고 싶은 것이다. 최상의 것이란 값비싼 것이나 첨단의 설비가 아니다. 정성과 손길과 심미안과 철학이 담긴 것이라야 한다. 가정에서는 이러할진대 아이들이 깨어 있는 낮 시간의 대부분을 사는 교실을 찬찬히 본 적이 있을까? 학교 공간을 논의함에 부모의 참여도 필요하다.

요즘 신축한 학교는 외관도 개성 있고, 실내도 다양한 공간이 많다. 층고 높은 로비, 원형 실내 광장, 계단식 다용도 열린 광장 등 자유롭고 창의적인 공간들이 지어지고 있다. 신축 학교가 아니라도 '공간 혁신 사업' 대상 학교에서는 학생들이 공간 전문가와 함께 수업을 하면서 자신들의 필요를 찾아 아이디어를 내고 솜씨를 발휘해서 주도적으로 공간을 바꾼다.

하지만 모든 학교에 적지 않은 예산을 들여 공사를 하는 것은 현실적으로 가능하지 않다. 그러므로 새로운 시선으로 학교 공간을 다시 보자고 제안한다. 오래된 건물도 괜찮다. 교실과 복도로 이루어진 일자형 건물은 나름의 장점도 없지 않다. 운동장 쪽 창과 복도 쪽 창이 양쪽 실외를 향하여 열려 있으니 채광과 통풍에 걱정이 없다. 햇빛이 환하게 들어오고 바람이 통하여 쾌적하고 시원하며 냄새가 고여 있는 곳도 없다. 자연광이 건물 안으로 들어온다는 것은 그 무엇에 비할 수 없는 장점이다. 바닥이나 기둥의 자재가 천연에 가까워 따뜻한 느낌이 들기도 한다.

우리 학교는 일자형 2층 건물 한 동으로 보통 시골 어디서나 볼 수 있는 평범한 구조다. 중앙과 동쪽 끝에 앞뒤로 통하는 현관이 있고 1층에 7칸, 2층에 7.5칸의 방이 있다. 복도에 화장실을 내달아 증축했다.

이 한 동으로 학급 교실 세 칸, 도서실 겸 미술실, 컴퓨터실 겸 어학실, 음악실 겸 체육실, 과학실, 가정실, 보건실, 방송실 겸 휴게실, 교무실, 교장실, 행정실 등으로 사용하고 있다.

동편 현관으로 나가면 식당으로 쓰는 별관이 나온다. 학교 울타리 너머로 너른 논과 밭이 있고 더 멀리는 낮은 산이 보인다. 그 풍경을 배경으로 서 있는 아담한 식당은 산골 간이역이 연상되는 정겨운 건물이다. 세 량짜리 완행기차가 하루에 한 번 정차하여 할머니 몇 분 내려 주고 한참을 기다렸다 느리게 출발할 것 같은 간이역을 닮았다.

운동장은 잔디를 심어 촘촘한 초록이고, 해 질 녘에는 새들이 가득 날아와 우짖으며 밤을 재촉한다.

꽃길을 걸어

무릇 학교에는 나무가 있다. 팽나무, 벚나무, 은행나무, 단풍나무, 히말라야시다, 플라타너스…. 학교 풍경에서 나무를 지워 버린 모습은 상상이 안 된다. 한자 '학교 교(校)'에도 '나무 목(木)'이 변으로 들어 있다. 나무 그늘 아래에서 소리 내어 시를 읽고 그림을 그리고 노래를 하고, 마음에 나무 한 그루씩 심어서 커다랗게 키워 가는 곳이 학교인 것이다. 한자리에서 깊어지고 높아지며 많은 것을 가르쳐 주는 나무다. 꽃도 많을수록 좋다.

나무 아래나 꽃밭에 벤치가 있으면 더 좋다. 벤치도 많을수록 좋을 것 같다. 벤치에는 모르는 척 시집이나 잡지를 놓아둔다. 굳이 책을 읽지 않아도 괜찮다. 벤치에서는 그냥 하늘에 흘러가는 구름을 바라보면 구름책, 얼굴에 불어오는 바람을 맞으면 그것 또한 바람시다. 아이들이 농구나 축구를 할 때 가방을 놓아둘 수만 있어도 좋다.

교사 앞 화단에는 꽃나무가 가득이다, 이른 봄 색색의 튤립이 핀다. 붉은, 노란, 청초하게 흰 튤립, 기품 있는 보라, 사랑스러운 분홍, 귀여운 노랑 튤립. 줄무늬도 있다. 점심 후 산책을 하면 이국에 여행이라도 온 듯 즐겁다.

노란, 붉은, 자주 백합이 핀다, 장미, 칸나, 마가렛, 데이지, 계절을 잊고 다른 꽃을 따라서 아무 때나 피는 코스모스.

물봉선과 백합과 분꽃과 칸나가 반기는 꽃길을 걸어 학교에 오는 너희도 꽃

자주 분꽃 사이에 수줍음 타는 노란 분꽃은 향나무 아래 한 그루 숨어 있고, 수국은 무거운 꽃송이를 이기지 못해 지쳤다. 분홍 물봉선화는 연한 빛깔과 달리 씩씩하게 통행로까지 넘어와 여름 한 철을 넘긴다.

꽃길을 걸어 등교하는 아이들도 저마다 꽃이다. 자신이 꽃인 줄도 모르는 꽃이다. 어떤 아이는 볕이 좋은 곳에 자리 잡아 뿌리와 줄기가 튼튼하고 빛깔이 밝은 꽃, 어떤 아이는 외따로 피어 외로운 꽃, 또 어떤 아이는 그늘에 피어 약한 꽃이다. 밝은 듯 보이는데 약한 꽃도 있고. 너무 작아서 눈에 잘 띄지 않는 꽃도 있다. 그런 아이들이 날마다 교문을 지나 교실로 들어온다.

정크아트

화단에 설치미술 작품이 몇 점 있다. 벌, 나비, 독수리, 토끼, 거북, 개미, 여섯 점이다. 고장 난 녹음기 얼굴을 가진 거대 벌은 실제 벌보다 무섭고,

거대 개미는 실제 개미보다 정교하다. 벌, 나비, 개미는 손으로 조작하면 날갯짓도 한다, 스테인리스 주전자로 귀여운 얼굴을 만들어 준 토끼와 땅에 납작 엎드린 거북은 날마다 아이들이 자리를 조금씩 바꿔 놓아 달리기 경주 순위가 바뀌고, 날이 무디어진 낫 여러 개에 검은색으로 칠해서 날개를 표현한 독수리는 우아하고 기품이 있다. 볼 때마다 섬세한 구조와 아이디어에 경탄하고, 주변에 보이는 사물에 대해 다른 상상을 하게 된다. 별주부전을 배울 때는 토끼와 거북을 언급하기도 했다.

학교 앞 마을에 예술가가 한 분 사신다. 자신의 삶을 아름다이 경영해 가는 우리는 모두 예술가, 누군들 예술가가 아닐까마는 이분은 농기계 수리가 본업인데 버려진 부품으로 로봇과 동물 등을 만들어 내는 정크예술가 주복동 선생이다.

이분의 작품 메뚜기, 까치, 학, 황소, 로봇이 면사무소, 초등학교, 휴양체험관 등 마을 곳곳에 전시되어 있다. 한 점 기증해 주시라고 부탁할 요량

우리 동네 예술가가 만든 정크 예술 작품, 거대한 벌과 개미와 나비와 토끼

으로 찾아갔다. 어렵게 말씀드렸는데 흔쾌히 마음에 드는 대로 가지고 가라신다. 여섯 점이나 데리고 왔다. 고장 나거나 소용없어진 물건들이 적재적소에 들어가 모양을 이루고 기능을 하는 작품들이 재미나고 놀랍다.

아이들이 이 작품들에 감탄하고 영감을 얻기를 바란다. 고장이 나서 버려지는 물건들을 다시 보고, 쓰레기로 덮여 가는 자연을 걱정하고, 인간 중심의 지구에서 내몰리는 곤충과 새와 고래와 바다거북에게 연민을 가졌으면 좋겠다. 제작자의 섬세한 손길과 아이디어를 존경하고, 그리하여 주변의 모든 사물을 다른 시선으로 바라보기를 기대해 본다.

학교마다 교정에 이순신 장군과 세종대왕 동상이 있었다. 하얀색을 입힌 독서하는 소녀상도 거의 모든 학교에 있었다. 동상도 좋지만 학교마다 다른, 예측 불가한, 상상 초월의 작품들이 몇 점씩 있으면 좋겠다. 조각 공원이나 야외 미술관처럼 많은 작품을 두기는 어렵겠지만 지역 작가의 작품 위주로 한두 점이라도 설치하여 1년 단위로 이웃 학교와 교체하여 관리한다면 적은 비용으로 많은 작품을 감상할 수 있을 것이다.

밤마다 변신하는 현관

1. 녹색 부직포 바탕의 학교 현황판
2. 유리 진열장: 각종 대회 우승 기념 금동 트로피나 지역 특산품, 또는 골동품이 전시되어 있다.
3. 교장 선생님이 부임해 오실 때 받은 (너무 많은) 난 화분
4. 각종 포스터(금연, 안전, 에너지 절약, 생활지도에 관한)

우리나라 학교 중앙현관에서 흔히 볼 수 있는 것들이다.

우리 학교도 비슷했다. 양쪽 벽에 녹색 게시판이 있는데 한쪽은 학교 현황, 한쪽은 지역 현황을 소개해 놓은 것이었다. 두툼한 투명 아크릴 판에 2절지를 눌러 고정한 것으로 네 개씩 들어 있었다. 그 옆으로는 커다란 거울과 고풍스러운 산수화 한 점과 기미독립선언서 액자가 여백 없이 벽을 채우고 있었다.

현황판 아래로 유리 진열장이 두 개씩 양쪽으로 네 개가 있었는데 안에는 청자 도자기와 다기, 그리고 청자 제작 과정을 보여 주는 도자기 파편이며 반죽 중인 흙덩이 들이 전시되어 있었다. 그것들은 학교 자산으로 등재되어 있어서 마음대로 버리거나 옮기면 안 된다고, 행정실에서 알려 주었다. 다행히^^ 우승 트로피는 교장실 진열장에 있었다.

유리장 위에는 똑같은 느낌의 난 화분들(물론 자세히 보면 화분 문양이 조금씩 달랐다)

학교 현관의 정석. 현관을 바꾸자, 바꾸자!

과 미술 시간에 아이들이 만들었음직한 닥종이 인형들이 규칙적으로 배열되어 가득 채우고 있었다.

그렇지 않아도 좁은 통로에 낡은 등나무 탁자가 있고, 그 위에 화분들이 놓여 있었다.

방과후수업이 끝나고 아이들이 하교한 저녁, 체육 선생님과 현황판 하나를 떼어 냈다. 먼지가 우르르 날렸다. 끙끙거리며 창고에 옮겨 세워 두고 반대쪽에 있던 산수화 한 점을 옮겨 걸었다. 아이들 감성과는 맞지 않았지만 하얀 벽에 걸고 보니 운치가 있었다. '언젠가 산뜻한 채색화로 바꾸고 말 거야.' 하고 작정을 했다. 행정실장님은 그림도 그 자리에 있어야 한다고 했다. 독립선언서 액자를 다른 곳으로 보내기 위해 떼어 내니 벽이 드러나 여백이 생겼다.

화분 색깔만 다를 뿐 똑같이 생긴 난은 50개가 넘었다. 이것을 여기저기로 나누었다. 교무실, 도서실, 교실, 복도, 계단, 특별실, 화장실 등으로. 화분이 예쁘고 줄기가 왕성하고 자태가 고운 걸로 골라서 배치했다. 한곳에 모여 있을 때는 이름 없는 풀처럼 보였는데 곳곳에 한두 개씩 놓으니 나름 운치가 있었다. 사군자 중 으뜸인 난 아닌가? 지금은 꽃이 핀 것도 있다. 여기저기 돌아다니며 물을 주다가 꽃이 핀 것이 있으면 눈에 뜨이는 계단 같은 곳으로 옮겨 놓는다. 닥종이 인형들도 곳곳에 나누어 배치했다. 등나무 탁자도 창고로 옮겼다.

문득 교무실에서 논의한 바가 없었기에 계속해도 되는 일인지 우려가 되었다.

나　　　그런데 선생님, 우리 마음대로 해도 이렇게 옮겨도 괜찮을까요?

체육 샘　괜찮아요. 내일 아침, 이게 없어진 줄 아무도 모를 거예요.

매일 밤 조금씩 변신하는 현관

과연 다음 날 아침, 아무 일도 일어나지 않았다. 무엇이 없어졌는지 무엇이 바뀌었는지 문제 삼는 사람은 아무도 없었다. 그래서 매일 밤 현관과 계단과 복도와 화장실을 조금씩 바꾸었다.

　　유리 진열장 안 녹색 부직포를 벗겨 내고 광목을 깔았다. 일단 녹색 부직포를 최소한으로 줄이고 싶었다. 먼지를 닦고 전시물들의 배치를 조금 바꾸었다. 그리고 행정실과 교장실 앞 복도로 옮겼다. 바퀴가 달려 있어 옮기기는 쉬웠다.

　　유리장이 있던 자리에 원탁과 의자를 놓았다. 보건실 안에 짐을 쌓아 놓았던 원탁이었다. 짐을 정리하고 원탁을 꺼내어 먼지를 닦고 하얀 면을 덮었다. 심심한 것 같아 초록 체크 러너도 깔아 보았다. 의자는 교사 휴게실에서 디자인이 있는 걸로 두 개 빌려 왔다.

우리, 잠시 여기 앉아 쉬어요. 머물고 싶은 거실

탁자 위에 신문과 잡지 등 간단한 읽을거리를 놓아두었다. 다육이 화분과 풀꽃을 꽂은 화병을 두기도 한다. 행정실 주무관님이 가을이면 잘 익은 모과와 탱자를 가져다 놓았다. 귀한 박을 가져오셔서 수업 자료로 쓰기도 했다. 박지원의 『양반전』에 "얼음에 박 밀 듯이"라는 구절을 배울 때 실물 박을 보여 줄 수 있었다. 아이들이 흥부전 이야기를 하며 박타는 시늉을 했다. 지금은 노랗게 익은 작고 귀여운 호박이 하나 놓여 있다.

아이들이 등굣길에 무언가를 주워 와서 가만히 놓아두기도 한다. 화단에 통째로 뚝 떨어진 붉은 동백, 온전한 모양의 솔방울이나 돌멩이 등 예쁜 걸 발견하면 주워 온다.

옛날 밥그릇에 '오늘의 시'를 담아 두었다. 아침에 등교하여 체온을 잰 후, 시 한 편을 가지고 다니며 틈틈이 암송하는 것이다. 좋아하는 색연필을 골라 시를 꾸밀 수도 있다. 국어 시간은 언제나 '오늘의 시 합창'으로 시작한다.

아이들이 재미나게 검정 칠판을 꾸민다.

"일이 생각대로 되지 않는다는 건 멋진 일이네요. 생각지도 못했던 일이 일어난다는 것이니까요."
"즐겁다고 생각하면 정말 즐거워지곤 해요."

아이들은 『빨간 머리 앤』의 명대사를 자주 고른다. 선생님들도 보면 즐거워지고 힘이 난다고 좋아한다. 그 앞에서 즐겨 사진도 찍고, 휴대폰에 프로필 사진으로 저장하기도 한다.

현관 전경

다른 쪽 벽에는 디자인이 색다른 소파를 놓았다. 벽에 액자를 걸고 고무나무 화분도 두었다. 소파 이용자가 점점 늘어나고 있다.

지나가는 곳이 아닌 머물고 싶은 현관, 거실 같은 현관이었으면 좋겠다. 누구든 앞뒤로 바람이 통하는 현관에 앉아 운동장 잔디를 바라보며 쉬고, 신문이나 잡지를 읽고, 커피를 마시고, 전화 통화도 하고, 정담을 나눈다. 종례

옛날 밥그릇에 조가비와 '오늘의 시'를 담고 향기 나는 국화도 곁들여 한 상 차렸다.

시간 먼저 나온 아이들이 친구를 기다리고, 부모님 차를 기다리기도 하는 거실이다.

지금은 체온계와 손 소독제를 가져다 놓았다. 체온 체크도 하고 외부 방문객 기록도 하며 유용하게 쓰고 있다.

동쪽 현관 신발장 위에 붉은 계열 체크무늬 천을 깔고 화분을 놓았다. 빈 벽에는 원래 박혀 있던 못에 맞추어 그림을 걸었다. 빌헬름 함메르쇠이의 고요한 그림 네 점이다. 그림 속 깊은 적막이 울림으로 전해져 온다. 가을꽃 소국을 질 때까지 올려 두고 본다.

그림과 꽃이 있으니 신발을 가지런히 놓게 된다고, 아이들이 말한다.

신발장에 옷을 입히고, 꽃을 두고, 빌헬름 함메르쇠이의 그림을 걸었다.
아이들이 신발을 나란히 놓는다.

현관 포치에 벤치가 붙은 나무 테이블을 놓았다.

작년에 체험활동 합동 작품으로 만든 것인데 그동안 운동장 벚나무 아래에서 여름의 태풍과 장맛비를 다 맞아 녹색 이끼가 생겨 있었다. 이끼를 닦아내고 햇볕에 말렸더니 훌륭한 야외 테이블이 되었다. 테이블보를 깔고 화분 몇 개를 올려놓고 둥근 방석을 가져다 놓으니 근사한 카페테라스가 되었다.

벤치를 현관에 두면 주말이나 명절에 학교를 지나가던 사람들이 들어와

현관 포치로 들어온 야외 테이블.
책도 읽고 차도 마시고 전화도 하고

주변을 어지럽힌다고 반대하는 의견이 있었지만, 일단 옮기고 보자는 말로 무마하였다. 학교는 국가의 재산이니 늘 개방하여 누구나 와서 쉬고 시설물을 이용할 수 있어야 하지만, 기본 예의는 지켜야 할 것이다. 다행히 주말과 연휴와 명절이 탈 없이 지나고 벤치는 잘 있다. 점심식사 후 선생님들이 머그잔을 들고 앉아 있는 모습을 보면 흐뭇하다.

가을 햇살 아래 운동장 잔디가 눈부시고, 화단에 칸나와 분꽃을 가까이에서 바로 볼 수 있는 나무 테이블이 찬바람 불기 전까지는 실내 원탁보다 더 인기가 있을 것 같다. 추워지면 현관 안쪽으로 들여놓아도 좋을 것 같다.

학교가 점점 학교 같지 않아진다고⑺ 말하는 선생님도 있다.

교사 뒤편 주차장에서 들어오는 현관에는 신발장과 우산꽂이로 쓰는

휴지통이 있었다. 플라스틱 휴지통 대신 옹기 항아리를 놓았다.

신발장에는 덮개를 깔았다. 가끔은 꽃무늬 천을 덮기도 한다. 따뜻한 느낌을 주는 칼 라르손 그림을 걸었다. 그림도 계절에 맞는 걸로 가끔 바꾸어 준다.

'내빈용' 알림은 아이들이 만든 것이다. 일러스트레이터가 꿈인, 솜씨 좋은 아이가 금방 뚝딱 만들었다.

신발 벗다가 웃음 웃게 되는, 신발장

작은 것이라도 자신이 만든 것이나 손길이 담긴 것이 교내에 붙어 있으면 아이들은 내심 으쓱해 한다. 오가며 유심히 보고, 혹시 삐뚤어졌거나 훼손되었을 때는 바로 고치고 닦으며 관리도 한다. 그리고 주변에 관심을 갖고, 어디에 무엇이 더 있으면 좋겠다는 적극적인 제안도 한다. 스쳐 지나가는 사람이 아니라 공간의 주인이 되는 것이다.

표정이 있는 계단

현대 건축물에서 계단은 특별하고 필수적인 공간이다. 인터넷에서 세계 곳곳의 아름다운 계단을 검색하여 구경했다. 모자이크 타일을 섬세하게 붙인 계단도 있고, 아름다운 그림이나 피아노 건반을 그린 것도 있고, 무지개 색으로 채색한 것도 있다. 서울 이화동 벽화마을에는 파란 물색 바탕에 붉고 노란 잉어를 그려 놓은 물고기 계단이 있었는데 밀려드는 관광객의 소음에 힘들어하던 주민이 회색으로 칠해 버려 이제는 사진으로만 남아 있다고 한다.

쉬엄쉬엄 계단에도 세세한 손길을

탁상달력 재활용

해가 바뀌고 새 학년도가 시작되었는데 지난해 탁상달력을 버리지 못하고 모아 둔다. 종이 질이 좋고 그림이나 사진이 예쁘고 무엇보다 두꺼운 하드보드 받침대가 어디 쓸모가 있을 것만 같다.

우선 날짜가 쓰인 면에 아이들 시를 시화로 꾸며 붙여서 시집으로 만든다. 한 달에 하나씩 쓰게 한 시를 다듬어 '월별 시집'을 만들어 전시한다. 스프링이 왼쪽으로 오게 세워서 책처럼 넘기는 재활용 수제 시집이다.

예쁜 손 글씨로 경구를 인쇄한 달력이 있어, 몇 개를 잘라 코팅을 해서 계단에 붙여 보았다. 비닐 코팅을 좋아하지 않지만 물걸레로 청소를 해야 하는 계단이니 어쩔 수 없었다. 이것 역시 너무 많으면 답답하고 무감각해지니 몇 개만 붙인다.

모든 계단에 한자 성어나 영어 속담을 네모종이에 인쇄해서 가득 붙여 놓은 경우를 보았다. 올라가는 계단이 숨이 막힐 듯 힘들었다. 한자나 영어 구절이라면 자리를 정하여 한두 개 붙이고 정기적으로 바꾸어 주면 좋을 것이다. 게시물이 한곳에 변함없이 오래 붙어 있으면 감흥을 줄 수 없으니 가끔 내용이나 위치를 바꾸어 주어야 한다.

아이들이 자신의 좌우명이나 꿈을 표현해서 자기만 아는 곳에 하나씩 숨겨 놓듯 붙여도 좋을 것이다.

항아리와 화분에 조화

뭐든지 다 있는 생활용품 가게에서 잘 만들어진 조화를 발견했다. 한 아름 사서 옹기 항아리와 긴 화분에 꽂아 계단참 모퉁이에 놓았다. 진짜 꽃은 아니지만 화사한 빛과 모양에 기분이 좋아진다.

올라가기 힘든 계단에는 자극적이고 유머러스한 소품이 필요하다. 팔이 긴 코알라 한 마리가 매달려 반겨 준다. 아이들은 아직 동물 인형들을 좋아한다. 공간에도 유머가 필요하다.

난 화분 중에서 꽃이 핀 것을 계단으로 옮겨 주었다. 풀인 줄 알았는데 꽃이 피었다고 아이들이 자세히 들여다보았다. 계절에 따라 꽃과 위치를 바꾸어 준다.

계단참에는 선배 선생님이 집 정리하면서 주신 미니 서랍장 위에 도자기를 놓았다. 도자기는 난 화분으로 쓰이던 것인데 받침을 깔고 놓으니 귀한 작품으로 보였다. 아이들이 계단을 오르내릴 때 얌전히 다니는데, 앞으로는 더 조심할 것 같다.

아이들이 만든 조소 작품이 있으면 놓아도 좋을 것이다. 이것 역시 가끔 바꿔 주어야 보는 사람들이 무감각해지지 않는다.

이젤에 명화 판넬

자연 느낌의 나무 이젤에 인테리어 쇼핑몰에서 구입한 명화 패널을 세웠다. 명화 패널은 벽에 걸지만 이젤에 세워도 좋다. 바꿔 주기도 수월하다. 가끔은 아이들 작품을 전시하기도 한다. 학교 공간 곳곳은 아이들에게 여러 가지 심미적 자극을 주어야 한다.

검정 칠판

검정 칠판을 몇 개 구입했다. 아이들에게 2주에 한 번 정도 시와 짧은 명언을 써서 꾸미자고 했다. 하나는 자유롭게 사용하라고 하니 재미있는 표현이 많이 나왔다. 주문은 받지 않는 이상한 카페 메뉴를 쓰기도 하고, 교실을 임대한다는 공고를 내기도 한다. 지금은 '우리들의 근황'이 붙어 있다. 계단과 복도를 오가며 친구들과 선후배가 만든 것을 볼 수 있으니 좋다.

복제본 미술관

벽에 명화 패널을 걸었다. 원래 있던 못을 활용하느라 종이끈으로 길이를 조절하고 변화를 주었다. 비록 크기도 작은 복제본이지만 계단이 환해졌다. 바라보는 것만으로 마음이 흐뭇해지는 명화 갤러리다.

　화가들의 눈에 비친 풍경과 사물을 그림으로 본 아이들은 세상을 조금 다르게 아름답게 볼 것이다.

그림이라면 복제본도 좋다. 마음 설레게 하는 명화들

'동네형들'과 스티커 벽화

문화예술 커뮤니티 '동네형들 프로젝트'에 신청해서 실내 스티커 벽화 작업을 하게 되었다. 아이들이 동네형들과 즐겁게 놀면서 스토리텔링을 하고, 화사한 색감의 스티커로 자신의 신체를 표현한 결과물을 계단 벽에 붙인 것이다. 아마 무채색의 심심한 복도나 계단 벽에 색을 입혀 주고 싶은 의도였나 싶다.

이 활동을 했던 아이들은 졸업하여 떠나갔지만 스티커 벽화는 재미난 동작으로 남아서 계단을 오르내릴 때 웃음을 준다.

알록달록한 색깔과 이야기가 있는 계단 '문화예술 커뮤니티 동네형들과 아이들이 만나 함께 만들었다.

옥상 계단의 시화전

옥상으로 올라가는 나무 계단은 미니 갤러리다. A4 종이상자를 재활용한 입체 시화는 발상이 놀라워서 오래 두고 본다. 종이 쇼핑백에 쓴 시와 닥종이 인형도 영감을 주는 예술 작품이다.

　가끔 전시물을 바꿔 줘야 아이들이 지나가면서 관심을 갖고 본다. 담당하는 아이를 정해서 큐레이터라고 권한을 주면 재미나게 할 것이다.

옥상으로 가는 나무 계단도 그냥 둘 수 없어.

안 심심한 복도

소심한 설치미술

복도 싱크대 벽면, 온수기를 수도꼭지에 연결한 줄과 가스 배관과 전깃줄이 밖으로 드러나 복잡하다.

색깔 있는 마스킹테이프로 감아 볼까 고민하다가 그대로 둔 채 뭔가를 매달아 보기로 한다. 종이끈으로 만든 곤충 모형들과 퀼트 열쇠고리다. 손 씻을 때 가만히 살펴보면 애벌레와 나비가 눈에 띈다. 이웃 학교 선생님이 직접 바느질해서 선물로 주신 원피스 열쇠고리도 섬세하고 예쁘다. 방과 후수업에 오시는 화가 선생님이 아이디어를 칭찬해 주셔서 으쓱해졌다.

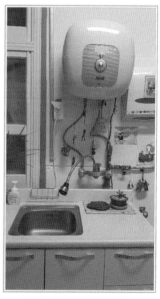

자세히 들여다보아야 보이는
소심 설치미술품들^^

기다림 벤치와 원탁

도서실 문 앞에 원목 벤치와 작은 원탁을 놓았다. 파란색 노란색 오렌지색의 둥근 방석도 놓았다. 거기서 아이들은 나를 기다리며 책을 읽는다. 준비된 메모지에 책 추천과 하고 싶은 말을 적어서 도서실 문에 붙일 수도 있다. 원탁에는 몇 가지 소품을 놓아둔다. 필기구들, 풀꽃 화병, 독서 본능을 불러일으키는 입체 카드와 달력도 있다.

커피체인점에서 준 사은품 상자를 작은 책장처럼 활용해『빨간 머리 앤』포켓본 3권과『윤동주 시집』을 넣어 두었다.

하얀 광목을 덮어 주니 휘게릭… 하다.

도서실 앞, 빨간 머리 앤 카드가 있는 탁자와 기다림 벤치

깨알 꾸밈

　도서실 창은 전통 문살무늬의 유리문이다. 복도 쪽 창틀에 한두 가지 소품을 놓아 본다.

　선배 선생님이 기증해 주신 디자인 유리병 한 쌍이 창문을 배경으로 잘 어울린다. 집에 오래 갖고 있던 발레리나 여섯 명도 데리고 왔다. 집에서 볼 때와는 느낌이 다르다.

　축하 꽃다발의 말린 장미, 오래전 바닷가에서 주워 온 조개껍데기, 어느 냇가에서 주운 돌멩이, 오솔길 걷다 모양이 온전해 주머니에 담아온 솔방울 등 아무거나 가져다 놓고 가끔 바꾸어 준다. 모두 돈 안 드는 인테리어 소품이다.

　하얀 레이스 천 한 줄을 깔아 주면 훨씬 돋보인다.

도서실 창틀에는 집에서 데려온 여섯 발레리나와 선배 선생님이 기증해 주신 목이 긴 유리병

둘이 있고 싶을 때

복도 벽에 그림을 걸다가 장식용 선반이 하나쯤 있어도 좋겠다는 생각이 들었다.

"우리 아빠 그런 거 금방 만들어요. 마당에 판자도 많이 있어요."

만이가 아버지 솜씨를 자랑했다. 과연 아버지가 며칠 만에 방부목으로 긴 사각형 모양의 아담한 선반을 만들어 오셨다. 아침 일찍 오셔서 수평계 라는 걸 놓고 반듯하게 걸어 주시기까지 하셨다. (흐음, 아빠와 함께하는 목공 수업을 계획해 볼까? 직업의식 발동이다.)

장식 선반이 생기니 아이들이 다투어 작고 예쁜 걸 가지고 와서 진열했다. 알맞은 받침을 챙기고, 선반에 두기 위해 미술 시간에 공작품을 정성껏 만들었다고도 했다. 그래 그 마음이면 되지, 무엇이 더 필요할까?

선반 아래에 교실에서 남은 책상을 하나 놓고 의자를 두 개 마주 놓았다. 그래서 그 공간의 이름은 '둘이 있고 싶을 때'가 되었다. 그 자리에 앉아 창밖을 바라보면 명산 월출산 절경이 보인다.

창에 모시 조각상보를 한 장 걸어 보았다. 아이들이 그 자리에서 책을 읽거나 수학 문제 의논하는 모습을 보면 흐뭇하다.

둘이 있고 싶을 때 가는 2인용 카페.
남은 책상에 천 한 장을
덮었을 뿐인데 앉아 보고 싶은
자리가 되었다.

"선생님, 여기 이탈리아 길거리 노천카페예요. 우리는 지금 여행 왔어요."

어디서 봤는지 유이가 '노천카페에 앉아 있는 여행객'이라고 말한다. 도서실에 분홍 캐리어가 하나 있는데, 여행지 느낌 나게 그걸 탁자 옆에 세워 놓을까? 생각해 봐야겠다. 기다란 복도가 심심할까 봐 탁자를 가져다 놓은 것인데 노천카페 느낌이라니 기대 이상으로 효과가 크다.

검정 칠판에 카페 메뉴를 적어 세워 두기도 한다. 그런데 주문은 안 받는다고 한다. 지금은 우리들의 근황이 꾸며져 있다.

아무거나 갤러리

복도 기둥 앞에도 아무거나 갤러리를 만들었다. 종이끈과 집게로 가렌더를 만들어 걸고, 옹기 항아리를 하나 엎어 두고, 위에 장식 소품을 올려놓는다. 조가비 솔방울 돌멩이 등을 아무렇게 나 흩어 놓았다. 돈 안 드는 0원 인테리 어다.

나무 선반에는 우리 반 화가 지망생 뽀이의 작품을 전시한다. 긴 복도를 지나갈 때 심심하지 않도록 궁리해서 놓은 것이다.

돌멩이 솔방울 모과 탱자, 아무거나 가져다가 놓아 보는 '아무거나 갤러리'

복도 카페

2층 복도 끝 여유 공간에 CD장을 눕혀 장식장으로 활용한다. 의외로 견고하고 반듯하게 만들어져 작품성도 있는 가구다. 칸칸이 소품을 놓아두기에 적당했다. 선생님들과 학생들에게 세 칸씩 분양해 준다고 광고했더니 향초 도자기 등 각자 좋아하는 걸 가져다 놓았다.

창에 가리개 커튼을 달아 볼까? 이상하려나? 좀 이상하면 어때? 일단 해 보고 아니면 떼어 내면 되지. 4장 행주 세트를 집게로 걸어 보았다.

금연 패널에 색지를 입히고 달력 명화를 붙였다. 금연 패널에는 폐와 간 등 손상된 장기들이 보기에도 끔찍하게 인쇄되어 있어, 아무리 금연교육이 목적이라지만 그걸 3년간 매일 본다면 정서상 좋지 않을 것 같아 화가들의 그림으로 바꾸었다.

도서실에서 원탁을 하나 꺼내 커버를 깔고, 어학실에 있던 스툴을 배치하여 복도카페를 완성했다. 스툴 색깔이 산뜻하다. 아래층까지 가지 않고도 학급 아이들과 소곤소곤 상담을 할 수 있다. 가까운 3학년 담임이 아이들과 상담을 하는 모습을 보면 흐뭇하다. 주방은 없지만 아이들은 복도 카페라고 부른다.

복도는 소방법상 비상시 통행에 지장을 주면 안 되니 이를 고려하여 배치한다.

원탁에 패브릭은 언제나 정답, 복도 끝 여유 공간

조금 도도하게, 많이 우아하게 걸어가는 복도. 심심하지 않은 복도

순회 전시회

중등학생미술전 입상작을 보름씩 전시해 주는 찾아가는 전시회에 신청하였다. 복도와 현관에 전시한 작품을 보고 그림을 좋아하는 아이들이 관심을 보였다. 다음에 미술전에 응모하겠다는 아이도 있었다. 작품을 전시할 때는 서툰 솜씨지만, 높낮이를 달리하거나 받침을 깔거나 소품을 이용하여 변화를 주었다.

아이들 작품이나 기성 작가의 작품이나 명화를 순회하여 상설로 전시하면 어떨까 생각해 보았다. 작품 순번을 매겨서 학기별로 전시하고 순회하면 초등학교와 중학교, 고등학교 12년간 많은 작품을 감상할 수 있을 것이다. 학교마다 찾아가는(찾아오는) 미술관, 시·군 교육청에서 해야 할 일이 아닐까 조심스레 제안해 본다.

효율과 이익을 따지는 경제 논리를 교육에 내세우면 안 되지만, 미술품 순회 전시회에 들이는 경비와 수고에 비하면 교육 효과는 상상할 수 없을 만큼 클 거라고, 나는 장담한다.

혼자 있고 싶을 때^^

어른도 그렇지만 아이들도 혼자 있고 싶을 때가 있을 것이다. 혼자 있을 때 차분하게 생각이 정리되고, 새롭고 창조적인 아이디어도 떠오를 것이다.

그래서 드넓은 운동장과 광장과 초원, 산 정상에서 바라보는 탁 트인 자연도 필요하지만, 혼자 고요히 침잠하여 깊은 숨을 쉴 수 있는 고요한 골방도 필요하다. 깨어 있는 낮 동안 집단 생활을 하는 학교에서는 혼자 있을 수 있는 공간이 아쉽다.

시 쓰는 탁자

운동장 쪽 창가에 책상을 하나 둔다. 예쁜 꽃무늬 천을 깔고. 다육이도 하나 데려다 놓았다. 창을 열면 바깥 풍경과 하늘이 보인다. 시집 한두 권과 이면지와 필기구를 둔다. 시를 읽거나 시를 쓰거나 할 수 있다. 물론 아무것도

운동장과 하늘을 바라보며
시 한 편 읽는 자리. 혼자 있고 싶을
때

안 하고 가만히 앉아 있어도 좋다. 고요히 책을 읽거나 숙제를 해도 된다. 누군가 앉아 있으면 말을 걸거나 방해하지 않고 내버려 두는 자리다. 혼자 있고 싶다는 의미로 약속한다. 교실은 넓고 학생 수는 적어 교실에 여유가 있으니 가능하다.

천에 인쇄한 모네의 그림 「양산을 든 여인」이 있어 걸었다.

골방카페

2층에 자물쇠가 채워진 공간이 하나 있었다. 교실 절반의 절반, 그러니까 교실의 1/4 크기로 길고 좁은 방이었는데, 사용하지 않는 책걸상과 가구와 집기들이 쌓여 있고 쓰레기도 버려져 창고처럼 방치된 공간이었다.

책걸상과 가구들을 필요한 곳으로 옮기고 청소를 했다. 그리고 가지고 있던 다탁과 다구를 옮겨 차실을 만들었다. 바닥에 매트를 깔고 좌식으로 꾸몄다. 실내화를 벗고 들어오기로 했고, 방석에 앉아 아이들과 함께 차를 마셨다. 아무것도 안 하고 누워 있어도 괜찮았다. 이름도 짓고 간판도 만들었다.

'골방카페.'

아이들이 좋아했다.

기도실

'성요셉여고'가 있었다. '있었다'라고 과거형으로 쓴 이유는 이 학교가 몇 해 전 폐교되고, 다문화고등학교로 이름을 바꾸어 개교했기 때문이다.

오래전에 여기 가 본 적이 있다. 고입 원서를 쓰기 전 구경 삼아 아이들과 함께 들러 본 것이다. 교무실 행정실 교실 등 실내 곳곳이 잘 정돈되어 경건한 기도실 같았다. 마음은 경건해지고 걸음은 사뿐해졌다. 단단한 나무창틀 잘 관리된 나무 바닥과 문, 실내 곳곳이 단아하고 고졸한 느낌마저 들었다.

'기도실'이라는 표찰 앞에서 발이 멈췄다. 작은 공간이 둘 있었는데 방석과 성경책만 나란히 놓여 있었다. 아무것도 없는 공간, 텅 빈 공간은 고독과 사유로 가득 채워진다. 물건이 없는 공간은 정신으로 채워진다.

학교에 이런 공간이 있다니, 혼자 고요히 있을 수 있는 기도실, 어쩐지 혼자 들어와 울 수 있는 공간이라고 생각되었다. 매우 매력적인 공간으로 오래 잊히지 않았다. 이런저런 공간이 많은 학교라면 몇 개 만들어 보면 좋을 것 같다. 물론 남학교든 여학교든 남녀공학 학교든, 생활지도라는 명목의 통제가 어려우니 실현이 되기는 어려울 것이다.

지금도 기도실은 있다고 한다.

교육은 궁극적으로 한 개인의 존재를 향한 것이어야 한다.

교무실에 모네와 마티스를 걸면

교무실 벽에 그림이 있으면 어떨까 상상하며 둘러보았다. 벽면 한 면은 수납장으로 채워져 있고, 다른 한 면은 게시판이 차지하고 있어 여유 공간이 없다.

게시판 옆 가장 넓은 면에 걸린 도교육청 정책을 인쇄한 액자를 기둥으로 옮기고, 그 자리에 모네의 「수련 정원」을 걸어 본다. 창틀에는 마티스를 두 장 세워 두었다.

냉장고 문에 소로야의 엽서와 작년 이맘때 달력 그림을 붙였다.

교무실, 업무 포털에서 일하다 잠시 고개 들어 바라보는 모네와 마티스

가끔 간식도 먹고 모임도 갖는 등 다용도로 사용하는 탁자에 초록색 부직포를 벗겨 내고 하얀 광목을 덮었다. 유리 아래 있던 교육청 기구도는 냉장고 옆면에 자석으로 붙였다. 대신 커피숍에서 광고지로 나온 달콤 케이크 광고지를 넣었다. 탁자 위에는 수제 도자기 병에 구절초 한 가지를 꽂았다.

3개월씩 날짜가 인쇄되어 있어서 편리하게 보는 달력이다. 제작 회사의 광고 사진 위에 김충호 화가의 인쇄 달력에서 「가을 풍경」을 붙여 새로운 달력으로 만들었다.

유리창에는 레터링 스티커를 하나 붙였다.

'좋은 일이 생길 거예요.'

어쩌다 무미건조한 사무실이 되어 버린 교무실, 도교육청 시책이 인쇄된 액자와 시계와 달력만 걸린 벽에 그림과 엽서 몇 장을 붙이고 탁자에 패브릭 한 장을 깔면 마음의 여유가 생기는 포근한 공간으로 만들 수 있다.

정말 좋은 일이 생길 거예요,
일만 하지 말고 창밖을 좀 봐요.

원탁이 있는 교장실

교장실 분위기도 학교마다 비슷하다. 교과서 본문에 교장실이 나와서 아이들에게 물었다. '교장실' 하면 떠오르는 것은 무엇인가? 녹색 게시판, 몸통이 길쭉한 난 화분, 금도금 트로피, 녹색 부직포에 유리가 덮인 탁자와 검정색 소파세트. 이렇게 네 가지가 필수 아이템이라는 답이 나왔다.

　학교 홈페이지 사진에 보면 전국 거의 모든 교장실이 이런 모습이다. 교장 선생님들이 다 모여서 이렇게 획일적으로 하자고 회의라도 했을까? 모든 교장 선생님들의 취향이 이렇게 같다는 점이 신기하다.

　그런 공간에서 어떻게 창의 교육을 말할 수 있는지 의문이다. 다양성 개성 취향 등을 강조하고 슬로건으로 내걸지만 그런 덕목들이 실제로 어떻게 구현되는지는 알 수 없다. 혁신과 창의는 현수막에 걸려 공허하게 바람에 펄럭이고 있을 뿐이다. 아니면 아크릴과 유리 액자 안에 갇혀 있는지도 모른다.

　교장실이 아이들을 위한 곳은 아니지만 학교에서 중요한 공간이고 학교 전반의 분위기와 아이들의 사고에 영향을 주는 곳이다. 교장의 전공과목과 개성과 철학이 드러나는 공간, 때로는 아이들을 불러서 차를 마시며 대화를 나누고 학생회 회의도 하는 곳이었으면 하고 바란다.

나중에 교장실을 좌식 다실로 꾸미고 싶다는 교감 선생님도 있었는데 그 후로 어떻게 하셨는지 모르겠다.

그 학교에서는 교장실 회의 탁자가 12명 이상 앉을 수 있을 만큼 크고 안정감 있는 원탁이라 부탁드렸다.

"교장 선생님, 토의토론 단원 수업할 때 여기 와서 해도 될까요?"

학급 학생 수가 10명이니 좌석도 넉넉했다. 교장 선생님은 흔쾌히 허락하셨지만 날짜 잡기를 미루다가 수업은 하지 못했다. 대신 교장 선생님이 어느 가을날 아이들과의 차담을 제안하셨다. 붉게 물든 단풍 가지를 꺾어와 탁자를 장식하고 다식을 차리고 녹차를 우렸다. 교장 선생님은 시 한 편을 준비해서 아이들을 맞아 주셨다. 교장실에 손님으로 초대받아 함께 차 마시며 시 읽던 기억을 아이들이 오래 간직했으면 좋겠다.

교장실에서 차 마셔 본 사람? 교장실에서 시 낭독 해 본 사람?

안녕! 화장실

부잣집 화장실

햇빛을 덜 받아도 잘 자라는 식물이나 수경재배가 가능한 식물을 물에 담가서 화장실 세면대 위에 둔다. 하얀 타일을 배경으로 초록 이파리는 신선해 보인다. 가끔 꽃을 꽂아 놓기도 한다.

난초와 그림이 있는 화장실

"선생님, TV 드라마에 나오는 부잣집 화장실 같아요."

그렇게 말할 때 웅이의 얼굴을 기억한다. 그 마음을 안다. 좋은 공간에서는 누구나 스스로 근사한 존재가 된 것 같은 생각이 든다. 뭐든 더 잘하고 싶고, 잘할 수 있을 것 같은 자신감도 생긴다.

화장실은 다른 어느 공간보다도 마음을 써야 할 곳이다. 화장실 문과 타일에 온갖 종류의 스티커들이 붙어 있었다. 남녀 알림 표시, 손 씻기와 위생 상식, 심지어 가출 청소년을 돕자는 내용도 있었다. 서울역 화장실에나 붙어 있을 법한 스티커가 어떻게 학교에 붙어 있는지 궁금하다. 그게 또 대부분 삐뚤게 붙어 있었다. 스프레이를 뿌려 불려서 납작칼로 긁어내고, 자국이 남아 깔끔하게 되지 않은 곳에는 접착 시트를 붙였다. 조금 힘들고 많이 보람된 일이었다. 할 만한 일이었다.

차 마시는 화장실

예전에 근무하던 학교 부근에 예술가 부부가 운영하는 펜션이 있다. 남편은 나무로 온갖 아름다운 것을 만드는 이정옥 선생, 부인은 플로리스트 김하나 선생이다. 집과 정원을 작품처럼 가꾸어 놓고 손님을 맞는다.

당시 아들이 우리 학교에 다니고 있어서, 아들 친구들이 놀러 오는 것을 언제나 환영해 주었다. 매달 마지막 금요일 저녁 1박 캠프를 했다. 우리는 주로 한옥에 묵었는데 옛날에 '홍학당'이라는 이름의 서당이었다고 했다. 서당에서 잠을 잤으니 우리는 모두 공부를 잘하게 될 거라고 격려해 주었다.

그런데 이분들이 화장실을 특히 공들여 꾸몄다. 예술 작품이라 해도 손색이 없었다. 집을 여기저기 구경하던 아이들이 여럿이 함께 화장실에 들어가서 한참 동안 나오지 않았다.

"선생님, 여기 와 보세요. 후식과 차는 화장실에서 마셔요."

미술 작품인 줄. 차 마시고 싶은 화장실

정기적으로 캠프를 다닌 후, 작은 변화들이 있었다.

그중 하나는 밥을 차릴 때 아이들이 정원에서 꽃가지를 꺾어 와 식탁을 장식하게 된 것이다. 매화, 개나리, 동백, 허브, 아니면 풀꽃이나 들꽃이라도 꺾어 와서 상에 놓고 다 같이 식사를 시작하였다. 집에 가서도 그렇게 하면 부모님과 화목한 밥상이 될 것이다. 나중에 어른이 되어서도 소박한 밥상으로 행복한 가정을 꾸릴 것이다.

또 하나는 프로게이머가 꿈이었던 훈이가 진로를 펜션 주인으로 바꾼 것이었다. 훈이는 먼저 집과 화장실을 펜션처럼 꾸며 보겠다고 했다. 아이들의 꿈이란 자주 바뀌기 마련이지만 공간이 아이에게 영향을 준 것만은 사실이니 흐뭇했다.

그렇게 1년이 지나고 12월 헤어질 즈음이 되었다.

민이   선생님, 제가 여기저기 좀 다녀 봤는데, 우리 학교처럼 예쁜 학교는 없어요.

선이   네가 어딜 가 봤다고? 전학도 한 번 안 가 본 애가. 초등학교와 우리 중학교밖에 모르면서?

민이   아무튼…, 그런데 선생님은 왜 학교를 이렇게 꾸며요?

나   글쎄, 왜 그럴까? 우리 학교니까 그런 거 아닐까?

민이   네, 고등학교 가서도 놀러 올게요.

훈이   우리 졸업하면 선생님도 다른 학교로 가신다는데?

민이   이렇게 예쁘게 해 놓고 어디로 가실 거예요?

훈이   바보야, 또 다른 학교를 이렇게 예쁘게 만들어야지.

우리나라에 학교는 몇 개일까? 교실은 몇 개나 될까? 나로서는 헤아리기 어렵다. 그 많고 많은 교실 중 한 칸, 우리 반 교실을 내 손으로 꾸미고 다듬는다. 사람들이 이사하면서 아파트와 단독 주택을 리모델링하고 인테리어를 하듯, 학교와 교실을 집처럼 포근하고 예쁘게 다듬는다. 신축 건물이 아니고 오래된 낡은 건물이라면, 나무 바닥이 삐걱거리고 벽면엔 방수가 잘 안 되어 빗물이 새는 건물이라면, 더 촘촘하고 세심하게 다듬는다. 특히 화장실을 미술 작품처럼 아름답고 뜻밖의 공간으로 만들어 놓고, 아이들이 놀라는 모습을 보는 것은 큰 기쁨이다.

덩실덩실 어깨춤을

수업 시작과 끝을 알리는 시종 벨소리에 대해 생각해 본다. 학교의 모든 구성원이 하루에 20번 이상 듣게 되는 벨소리는 학교 공간을 이루는 청각적 요소로 중요하다.

시종 소리를 국악, 우리 음악으로 바꾼 적이 있다. 당시 학교 벨소리는 화음이 전혀 들어가지 않은 단음으로 베토벤의 「엘리제를 위하여」나 서양 클래식 음악의 한 소절을 들려주는 것이었다. 단음이라서 신경을 거스르는 소음이라고밖에 할 수 없는 소리였다.

그즈음 국립국악원에서 시종음악 시보기 100대를 제작하여 학교에 보급한다는 계획을 알게 되었다. 신청서를 작성하여 접수하였는데 대상 학교로 선정이 되었다.

영산회상과 천년만세, 대취타 등 우아하고 격조 있고 흥겨운 우리 음악을 하루에 20번 이상 듣게 된 것이다. 아이들도 선생님들도 어깨춤을 추고 콧노래를 흥얼거리며 수업을 시작했다.

10년이 넘은 지금도 국악 시보기는 잘 작동하고 있다는 소식을 들었다. 국립국악원에서는 각종 의식곡과 휴대폰 벨소리 등을 국악으로 연주하여 무료로 다운로드할 수 있게 보급하고 있다.

요즘 일부 시도의 초등학교에서는 시종을 울리지 않는 곳도 있다. 학급별 수업 상황에 따라 자유롭게 운영하는 이상적인 방식이라고 생각한다. 과목별 담당 교사가 수업을 하는 중고등학교는 시종 벨을 사용하는데, 기기를 바꾸어서 우리 음악이든 서양 음악이든 질 좋은 음악을 감상하며 수업을 시작하고 마치는 즐거움을 주었으면 좋겠다.

얼마 전 공문 게시물에서 국립국악원 공문을 발견했다. 국악 시종음악과 신호음악을 각 10개씩 파일로 만들어 올려놓았으니 받아서 써도 좋다는 내용이었다.

우리 학교는 올해 문체부 지원으로 한복 교복을 지어 입었으니, 시종알림을 우리 음악으로 들려줘도 좋겠다고 생각하여 선생님들과 의논하였다. 물론 기술적으로는 번거로웠지만 기기 회사가 원격으로 도와주어 가능했다.

수업 끝을 알리는 벨소리로 색다른 선율이 나올 때마다 움찔 놀라며 일제히 스피커를 바라보는 우리 아이들, 하지만 역시 매사에 긍정적인 아이들은 25현 가야금 연주 음악이 한복 교복과 잘 어울리고 뭔가 신박하다며 좋다고 했다.

한 번에 30~40초의 길지 않은 시간이지만 하루 방송분을 모으면 13분 가량을 듣는 셈이 된다. 그리고 1년 혹은 3년이면 일생에서 결코 무시할 수 없는 긴 시간 동안 그 음악을 듣는다는 계산이 나온다. 그래서 우리 음악뿐 아니라 랩이나 발라드, 서양 클래식 등, 학기별로 다른 장르의 음악을 고루 들려주고 싶지만, 기술적인 어려움과 저작권 문제 등 생각해야 할 부분이 많은 것 같다.

3
교실에
텐트가
있다고?

교실에 작은 방을 하나 지었다.

그래서 우리 교실에는 텐트도 있고, 소파도 있고,

아레카 야자랑 제라늄 화분도 있고, 모네와 르누아르도 있고,

영랑의 시 커튼도 있고 따끈한 신간과 고전이 꽂힌 책장도 있다.

자유롭고 아름답고 편안한 교실에서

쉬고 놀고 노래하고 먹고 졸고… 그러다 보면

곁에 있는 친구는 사랑스럽고

선생님을 존경하게 되고

공부는 저절로 된다.

어릴 때 교실은 고향과 같은 곳

어른이 되어 외롭고 고단한 길목에서 떠올리면

마음이 훈훈해지는

그런 공간

우리들의 고향, 교실

'학교 종이 땡땡땡'이라는 카페가 있었다. 지금도 있는지 모르겠지만, 인사동에 방송인 전유성 님이 차린 이색 카페라고 소문이 나서 아이들과 서울 나들이 갔을 때 일부러 찾아갔다. 떠든 사람 이름이 적힌 칠판, 풍금, 난로, 괘도… 옛날 소품들로 가득한 교실에서 소파도 아닌 불편한 의자에 앉은 사람들이 동심으로 돌아가 행복해 보였다. 교실은 어른이 되어서도 영원히 기억하는 고향이고 어린 시절을 환기하는 곳, 갈 수만 있다면 언제라도 돌아가고 싶은 곳이다.

부모는 자녀를 위해 좋은 집을 장만하고, 기능적이고 아름다운 가구로 공부방을 꾸민다. 자녀가 집중하여 효율적으로 공부할 수 있도록 조명과 가구 배치와 정리정돈까지 최선의 환경을 만들어 학습을 돕는다.

하지만 자녀가 낮 시간의 대부분을 보내는 교실 공간을 보았을까? 학교에 방문해도 교무실이나 회의장에 들러 행사에 참가하고 담임 선생님만 만나고 서둘러 가시곤 한다. 아이가 지내는 교실을 보여 드리려 해도 쑥스러워서 그러신지 아이가 부담스러워 할까 봐 그러신지 아니면 교실이 다 똑같다고 생각해서 그런지 손사래를 치며 그냥 가신다. 아무래도 교실이란 자신들이 학생일 때와 비슷하리라고 생각하는 것 같다. 그래도 학창 시절 추억을 회고하면서 돌아보자고 교실로 굳이 안내하여 보여 드린다.

교실은 아이들의 방, 아름답고 아늑하고 예술적 영감을 주는 공간이어야 한다. 언제라도 오고 싶고 아끼는 곳, 아이들이 사랑과 보살핌을 받고 있다는 느낌이 드는 곳이어야 한다. 졸업하고 어른이 되어서도 그리운 공간, 가 보고 싶은 곳이어야 한다. 외로울 때, 어려울 때 떠올리면 힘이 되는 기억에 남는 공간이기를 꿈꾸어 본다.

교실의 구조가 과거의 모습 그대로라고, 학생 수는 많고 공간이 좁다고 실망할 필요는 없다. 좌석 배치와 소가구, 방석 등 소품만으로도 아이들의 활발한 활동과 유연한 사고를 이끌어 낼 수 있다.

책상 부자

올해 우리 반은 딸 셋이다. 30명이 생활하는 교실과 넓이가 같은 우리 교실에는 여러 가지 용도의 책상이 있다. 수업용 개인 책상, 모둠 책상, 원탁, 시 책상, 좌탁, 그래서 책상 부자다.

수업하는 개인 책상 다리에 천을 둘러보았다. 책상 아래서 다리를 자유롭게 하고 편한 자세로 공부에 집중할 수 있을 것 같았다. 아이들이 좋아했다. 손바느질로 끈을 달아 붙이면서도 즐거웠다.

개인 책상, 모둠 책상, 원탁, 좌탁, 1인 책상, 책상 부자

묶은 끈이 느슨해져서 이번에는 책상보를 큰 걸로 깔고 유리를 덮어 보니 조금 더 안정감이 생겼다. 예전에 사용하던 것인지 창고에 책상용 유리가 많이 있어 가지고 와서 닦아서 여러 용도로 사용한다.

책상 세 개를 놓고 남는 공간에 모둠 작업 공간을 만들었다. 특별실에서 남은 긴 탁자를 세 개 가져다가 붙이고 아이들이 좋아하는 그림 그리기와 모둠활동을 하도록 한다. 스케치북, 물감, 사인펜 등도 넉넉히 두고 공부하던 참고서를 그대로 펴 두어도 된다. 탁자는 자기만의 것이니 맘껏 어지르면서 자유롭게 사용하라고 했는데 아이들은 자기 책상이라며 가지런히 정리한다.

아기자기 모둠 책상

교실! 거실!

교실을 세 명이 사용하니 공간이 여유롭다. 뒤쪽을 거실처럼 편안한 공간으로 만들었다.

바닥에 매트를 깔고 소파도 놓았다. 작년에는 방송실에서 쓰다 버린 낡은 소파를 주워서 두었는데 올해는 예산이 있어 3인용 새 소파를 구입했다. 좌식 탁자도 두었다.

사용하지 않는데 제거하지도 못한 '심야전기 축열식 난방기'가 창가에 있다. 위에 화분을 두니 보기는 좋은데 앞면에 닦아도 지워지지 않는 자국이 있다. 색 시트를 붙일까 고민하다가 자석으로 그림들을 가득 붙였다.

아이들이 말했다.

뚜이 　교실에 소파가 있다는 생각만 해도 몸이 편안해져요.

유이 　우리나라에 소파가 있는 교실은 우리 학교밖에 없을 거예요.

뽀이 　맞아요. 선생님, 핀란드 교실 같아요.

나 　　뽀이 너는 언제 핀란드에 다녀왔냐?

올해 새로 장만한 소파와 텐트

작년 1년간 사용한 검정 소파

교실 풍경을 떠올리는 것만으로도 마음과 몸이 편안해진다는 것. 그게 신기하다. 아마 이에 대해서는 뇌과학자나 교육심리학자들의 연구 결과가 있을 것이다. 작년 한 해를 마무리하는 자리, 자신의 5대 뉴스를 정리하는 데, 장이는 교실에 소파와 좌식 매트가 생긴 것을 꼽았다, 검정색 낡은 소파도 아이들은 좋아했다.

교실 안 작은 방, 텐트

교실 뒤편 여유 공간에 텐트를 두면 어떨까? 쇼핑몰에서 방충 모기장 텐트와 방한 텐트를 보면서 해 본 생각이다.

자주 가는 쇼핑 사이트에서 광목 소재 인디언 캐노피 스타일을 찾다가, 간단한 그늘막 텐트를 발견했다. 던져서 1초 만에 퍼지는 마법 텐트란다. 모양과 색깔도 아이들이 좋아할 것 같다. 게다가 세일까지 하고 있었다. 네 가지 사양 중 세 가지는 이미 품절이다. 색깔과 디자인 선택권은 없었지만, 하나 남은 것도 괜찮았다.

택배가 왔고, 텐트가 담긴 포장 가방을 들고 교실에 갔다. 뚜이에게 주면서 힘껏 던져 보라고 했다. 과연 1초 만에 텐트 집이 지어졌다. 교실 안에 생긴 작은 방이다.

텐트에 누군가 들어가면 혼자 있고 싶다는 뜻으로 알고 방해하지 않기로 약속했다. 그런데 둘이 들어가서 누워도 여유가 있고, 셋이 들어가면 앉아 있으면 된단다. 접어서 들고 나가 운동장에 던져서 퍼 놓고 놀아도 좋을 것 같다.

단체 생활을 하는 학교에서는 잠시라도 혼자 고요히 있을 수 있는 공간이 필요하다. 수업 들어오신 선생님도 한 번씩 들어가 보고 재미있어한다.

초록초록 플랜테리어

어느 날 외출하려고 집을 나서는데 앞집에서 화분을 꺼내고 있었다. 아파트 발코니가 좁아서 버릴 거라고 했다. 그 중 두 개를 얻었다. 이름을 찾아보니 아레카 야자였다. 화분 키가 커서 근사한데 게다가 공기정화 식물이라니. 교실에 두고 싶었다.

가장 쉬운 인테리어가 식물과 꽃으로 하는 그린테리어라고 들었다. 인테리어도 잘 모르고 식물 키우기에 관해서라면 더욱 아는 게 없지만 올해는 도전해 보기로 한다. 차 조수석에 싣고 출근을 한다. 단단히 포장을 했음에도 몸통이 긴 화분이라 넘어질까 불안하였다. 속력을 내지 못하고 조심조심 운전을 했다. 그런데 경사진 고개 내리막 커브 길에서 화분은 중심을 잃고 넘어지고 말았다. 차 안에 흙이 흩어져 엉망이 되었다.

산 넘고 물 건너 우여곡절 끝에 교실에 실려 온 아레카 야자 두 그루, 아직까지는 잘 살아 있다. 연둣빛 새 잎도 나고 꽃인지 열매인지를 피우기도 했다.

올해 학년 초에 학급별로 5만 원이 지원되었다. '학교폭력 예방을 위한 화초 가꾸기'라고 했다. '세상에, 이런 예산이 따로 나오다니, 같은 비용을 들여 현수막을 만들어 거는 것보다 얼마나 현명한가?' 감탄하면서 농원 직영 화원에 갔다.

율마, 벤자민, 알로카시아, 다육이, 제라늄, 부레옥잠까지 화분 없이 식물만 고르니 5만 원어치가 차 트렁크에 가득 찼다. 잘 기를 수 있을까? 괜찮아, 아이들이 있으니까. 세상에 없는 초록한, 숨 쉬는 교실을 만들어야지.

뱅갈 고무나무도 데려왔다. 연두와 초록이 어우러진 이파리를 들여다보면 마치 붓에 수채 물감을 묻혀 그린 듯 투명하게 잎맥이 보인다. 커다란 잎으로 공기도 정화해 준다니 고마운 나무다.

수염 틸란드시아로 불리는 스패니시 모스도 두 뿌리 샀다. 풍성한 머리숱처럼 신비하게 생긴 그것을 창가에 걸었다. 실내 습도를 조절하고 미세먼지를 다 걸러 준단다.

집에 있는 빈 화분과 학교 창고에서 찾은 화분을 씻어서 나무를 심고 심고 또 심고… 에고, 힘들다. 옮기기도 무겁다. 화분은 나무의 방, 뿌리가 자라면 작은 방에서 답답할 테니 처음부터 여유 있는 걸로 했다.

화초가 아니라도 담장 아래 여기저기서 풀꽃을 뽑아 화분에 심어 교실에 데려다 놓는다. 자주달개비, 별꽃, 괭이밥, 코딱지풀, 질경이, 토끼풀, 망초… 이름을 불러 보는 것만으로도 마음이 순해진다. 아이들이 이름표를 만들어 꽂았다. 풀꽃은 특히 햇볕을 잘 보여 줘야 한다. 화분 아래에 받침을 두면 '숨 쉬는 교실 그린테리어' 완성이다. 세 아이들이 작고 고운 손으로 물을 잘 주고 환기를 잘 시킨 덕에 잘 살아 있다.

'1층 교실엔 화단 쪽으로 출입문을 달아 테라스를 만들고, 2층부터는 발코니를 만들면 어떨까? 아파트처럼 발코니에 화분도 놓고 청소용구도 말리고, 쉬는 시간과 점심시간에 나가서 간식도 먹고 햇볕도 쬐면서 놀면 좋을

텐데. 지금 건물에 이어서 증축을 하면 될 텐데. 그런데 2층은 위험할까?'

그런 생각을 하면서 옹색한 창밖 난간에 제라늄 화분을 내놓는다. 아이들이 우리 교실 별명을 '늘푸른 북카페'라고 지었다. 사실을 말하면 율마는 갈색으로 시들어 흙으로 돌아가고 말았다. 그래서 다시 아기 율마를 한 그루 데려왔다.

디테일이 스케일

디테일이 모이면 스케일이 된다(라임도 맞다).

우리 반 간판

2-1, 숫자만 쓰인 밋밋한 학급 표찰에
아이들이 손으로 꾸민 간판을 이어 달
았다 '늘 푸른 북카페', 뒷면에는 '쩡이
와 뚜유뽀' 담임인 나와 아이들의 별명
이란다.

솜씨 좋은 아이들 뚜, 유, 뽀, 셋이 손
으로 쓱쓱 그려서 금방 만들었다.

우리 교실 별명은 '늘 푸른 북카페'

교실 주인은 우리

교실 앞쪽 출입문에 우리 학교 담당 경찰관 사진이 붙어 있었다. A4 절반 크기로 비닐 코팅이 되어 있는 반짝반짝한 사진은 마치 교실의 주인이 이분, 정복을 입은 경찰관이라고 말하고 있는 듯했다.

복도를 오가며 하루에도 수십 번씩 보게 되는 그 사진을 그대로 둘 수 없었다. 평화롭고 늘 즐거운 우리 학교에는 필요 없는 것이기도 했다. 그래서 떼어 내 수납장 문 안쪽에 숨겨 두었다. 물론 아이들에게는 알려 주었다. 강력 양면테이프로 붙였는지 자국이 말끔히 지워지지 않아 꽃 그림으로 가렸다.

녹색 게시판

교실 게시판도 녹색이다. 게시판에는 아크릴 판 6개가 붙어 있었는데 일단 모두 떼어 냈다. 아크릴 판은 내용을 자주 바꾸기가 힘들고 규격이 정해져 있어서 자유로이 게시물을 붙이기가 어렵다.

그리고 광목천이나 전지 종이를 붙여서 바탕 녹색을 안 보이게 가릴까 고민하다가 그냥 두었다. 세계지도와 아이들이 그린 캐릭터 그림, 좋아하는 연예인 사진, 그리고 독서트리 등을 자유롭게 붙이게 했다.

작은 미술관

교실에도 명화를 건다.

인물화, 추상화, 풍경화, 정물화.

박수근, 클림트, 칸딘스키, 호머….

가까이 사시는 서양화가 김충호 선생님 작품도 걸었다.

"고통은 지나가고, 아름다움은 남는다."

　－르누아르

고통에 지지 않고 그림을 남긴 화가의 생애도 이야기해 주고 그들이 남긴 말도 적어 둔다. 시절은 지나가지만 아름다운 그림 앞에서 받은 감동은 영원히 남는다. 특별히 우리 반 세 아이들은 그림에 소질이 있으니 그림을 자주 바꿔 줘 자극을 주고자 한다.

아, 행거도 있다. 체육복과 에코백을 걸어 놓았다. 수건이나 청소용 걸레도 걸어서 말린다. 햇볕이 강한 날에는 창가에 있던 수염 틸란드시아를 옮겨 와 걸어 놓기도 한다.

명화 달력

교실에 달력은 꼭 있어야 한다. 벽 장식에도 매우 좋은 소재이다. 그러나 아무것이나 걸 수는 없다. 아이들이 1년 중 200여 일간 계속 보는 것이므로 특별히 잘 선택해야 한다. 달력은 계절의 변화도 알려 주고 시간에 대한 희망과 기원도 보여 줄 수 있어야 한다.

좋은 달력이 많겠지만, 11월쯤 어느 제약회사에 주문하면 멋진 명화 달력을 우편으로 받을 수 있다. 그 제약회사에서는 해마다 주제를 정하여 선정한 명화를 매달 두 장씩 앞뒤로 인쇄하여 제작한다. 2020년 올해 주제는 '어린이'라서 아이들에게 더 감동을 주었다. 그림 해설도 자세히 첨부되어 있어 한 달에 두 장씩 명화를 감상하고 미술 공부도 하는 셈이다.

한 달이 지나고 한 해가 지나면 그림을 반듯하게 잘라서 빈 액자에 담아 벽면에 걸거나 책장 위에 세워 둔다. 단단한 상자의 안이나 겉에 붙여서 액자처럼 걸거나 세워 두어도 좋다. 돈 들이지 않고 작은 미술관을 만들 수 있다.

교실 천장에 하늘 한 장

흰 구름 머문 푸른 하늘 한 장을 떠서 교실 천장 귀퉁이에 붙였다. 사실은 천장에 구멍이 나서 가리기 위한 것이기도 하다. 벽뿐만 아니라 천장도 꾸밀 수 있다.

하늘을 배경으로 영랑 시 한 편

동백닢에 빛나는 마음
내마음의 어딘 듯 한편에 끗업는
강물이 흐르네
……

우리 동네 시인 영랑의 시가 인쇄된 부드러운 천을 버티컬 블라인드 아래 매달았다. 옛날 철자를 그대로 쓴 구절이 더 정겹다. 영랑 생가에 나들이 가서 구한 것이다. 시인의 시는 하늘을 배경으로 유리창에 걸려 있고, 아이들의 마음속에도 있다.

살다 보면 알겠지. 시 한 구절도 삶의 고비에서 자신을 버티게 해 주는 영양소라는 걸…. 시 한 구절, 그게 아무것도 아닌 것 같지만, 이상하게도 큰 힘이 있어 넘어지는 나를 일으켜 세워 주기도 하고 붙들어 주기도 한다는 걸 학교를 떠나 살다 보면 금방 알게 될 것이다. 교실에 그림과 시가 필요한 이유이다. 그림은 힘이 세다. 시는 힘이 세다.

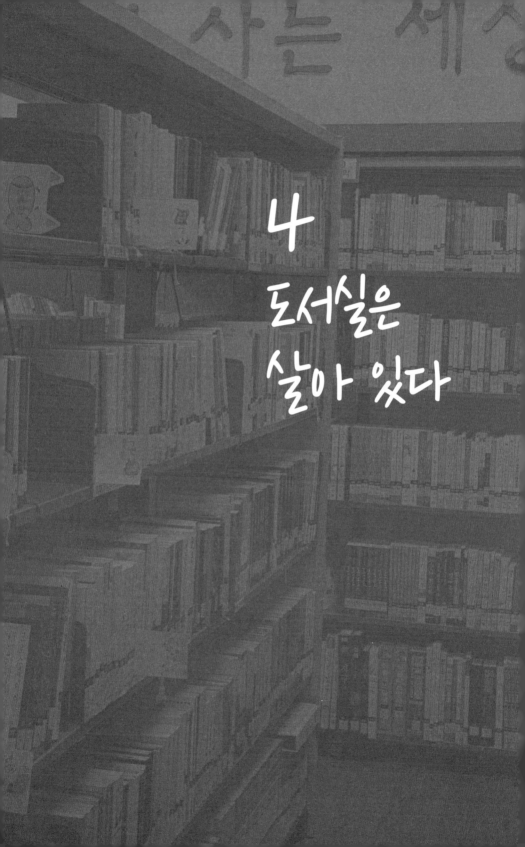

4
도서실은
살아 있다

도서실은 학교의 심장,

그러니 가장 정성을 들여 다듬어야 할 곳

아직 책의 맛을 모르는 아이들도

왠지 그냥 가고 싶은 곳

오래 머물고 싶은 곳이어야…

책 읽는 사람들은 서로 닮아져요?

벌교와 순천으로 문학기행을 갔다. 『만화 태백산맥』과 『오세암』을 읽고 태백산맥문학관과 순천만문학관을 들르기로 했다. '책방 심다'와 '서성이다', 독립서점 두 곳도 여정에 넣었다. '책방 심다'는 조용한 주택가 2층집을 단장하여 책을 전시하고 독서모임을 하는 가정식 서점이다.

"여기가 서점이에요?"

아이들은 이 방 저 방 구경을 하고, 바닥에 엎드리거나 앉아서 책을 읽고 사진을 찍으며 신기해한다. 2층 방에 사람들이 속속 모이더니 독서모임을 한다. 나는 손짓으로 아이들을 불러 열린 문틈으로 독서모임 하는 모습을 보라고 가리킨다. 책 읽는 어른들의 모습을 보여 주고 싶었다.

주인장과 대화 시간.

주인장 서점이 좀 이상하죠? 이런 서점 본 적 있나요?

용이가 손을 번쩍 든다.

용이 예. 봤어요. 우리 학교 도서실이요.

주인장 아, 학교 도서실이 이렇게 생겼어요?

나 (그렇지! 우리 도서실이 좀 이런 콘셉트이지. 하하.)

이제 질문 시간이다. 무슨 질문들을 하려나.

명이 언제부터 책을 좋아했어요?

혁이 책방 이름은 무슨 뜻이에요?

나 (오, 질문 수준도 상당하군! 그럼 누구 제자인데? 훗!)

'골목 책방 서성이다'에서는 지역 작가의 세계여행 이야기도 들었다. 『그곳에 두고 온 두루마기 생각난다』의 박건아 작가다. 아이들이 오늘 만난 작가를 오래 기억하기를, 언젠가 배낭을 메고 세계를 걸어 다니기를 바란다.

독립서점 동네 서점에 놀러 가기, 순천 책방 '서성이다'에서

일반 서점에서는 볼 수 없는 몽글몽글하고 새콤달콤한 책들이 가득하다. 독특한 제목과 개성 있는 표지의 책들에 눈 호강하고, 앙증맞은 소품들에 감탄하고, 갖고 싶은 그림엽서와 책갈피와 메모장도 사면서 아이들은 행복하다. 몇몇 아이들은 금세 책에 빠져서 열독(열심 독서) 중이다. 책 속에 파묻힌 아이들 모습은 그대로 그림이다. 몰래 사진을 찍는다. 책 읽는 자기 모습이 얼마나 아름다운지 아이들은 모를 것이다. 수수하고 편안한 차림의 주인장은 말씨와 태도에 내공과 멋짐이 뿜뿜 묻어져 나온다.

돌아오는 길에 아이들이 말한다.

수이 선생님, 서점 주인들이 어딘지 조금 비슷해요. 서로 아는 사람이에요? 책을 많이 읽으면 서로 닮아져요?"

나 (그래 동족이 되는 걸까? 우리는 서로 다 아는 사람, 아는 사이인지도 모르지.)

일이 여름방학에 갔던 목포 '지구별 서점'과 '산책'도 좋았어요. 거기 주인들도 뭔가 느낌이 비슷했어요.

숙이 이제 참고서만 파는 서점은 가고 싶지 않아요.

나 그래 참고서와 수험서만 가득한 네모난 서점은 재미없지.

저녁에 게스트하우스 '그 꽃길'에서 여자아이들이 합창하듯 말했다.

"선생님, 여기 정말 예뻐요. 우리 집이면 좋겠어요. 제 공부방도 이렇게 꾸미고 싶어요."

값비싼 건 아니지만 꽃무늬 천과 수제 느낌의 장식품들이 곳곳에 놓여 있어 아이들이 마음을 빼앗길 만했다.

독립서점 따라 하기

카페처럼

도서실은 교실 한 칸 반 넓이다. 안쪽에 사용하지 않은 원탁이 두 개나 숨어 있는 걸 발견, 그중 하나를 입구 쪽으로 옮겼다.

나　진아, 이 탁자 하나는 복도로 옮기고 싶다. 도와줘.

진이　오, 카페처럼 꾸미려고요?

어울림반인 아이는 내 속마음을 이미 알고 있다. 카페라면 나와 같이 몇 번 다녀온 것이 전부인 진이는 내가 무슨 말만 하면 "카페처럼요?" 하고 묻는다. 화장실 문에 그림을 붙이고 있어도, 조그만 병에 꽃을 꽂고 있어도, 방석을 줘도, 코코아를 타 주어도 그렇게 묻는다. 아마 아트홀 공연을 본 후 카페에 가서 블루베리 요구르트와 에이드 음료를 마신 것이 인상적이었나 보다.

입구

출입문 앞 복도 원탁에 포스트잇 메모지와 필기구를 두었다. 도서실 드나들 때 예쁜 말 한마디씩 적어서 남기고, 책 추천도 한다. 색연필로 꾸미기도 한다. 우리 고장 특산품인 귀여운 청자 화병에 들꽃도 한 송이 꽂아 둔다. 잡지꽂이에 책도 꽂아 두었으니 입구에 머물기만 해도 도서실에 다녀간 것과 다를 바가 없다.

패브릭 테이블

도서실 원탁에도
줄무늬 린넨을 입혀 주었다.

스트라이프 린넨 한 장 깔았을 뿐인데 열두 배쯤 멋진 탁자가 되었다. 역시 적은 비용과 노력으로 분위기를 휘게릭하게 바꾸기에는 탁자 덮개 천이 최고이다. 자수를 놓으면 더 정성스럽고 예쁘겠지만 그냥 하얀 무명천이나 광목만으로도 충분하다.

책 반납 정리는 셀프

케이크 상자를 재활용하여 이름표를 세 개씩 만들었다. 대출하려는 책 자리에 자신의 이름표를 꽂아 표시해 두었다가, 반납할 때 그 자리에 책을 꽂는다. 책 정리는 스스로 한다.

솜씨와 아이디어를 발휘하여 작품을 만든 아이도 있다. 케이크 상자는 종이 질이 좋고 위생적이고 질겨서 버리기 아까웠다. 아이들이 이 카드를 만드는 일은 독서 의지를 강하게 하는 데도 도움이 되고 반납한 책 정리를 쉽게 하는 데도 유용하다.

독서 명언

읽는 자가 배우는 자보다 낫다.
책은 인생의 내비게이션.
하버드 졸업장보다 소중한 것이 독서하는 습관이다.
책을 사느라고 쓴 돈은 만 배의 이익을 가져다준다.
만 권의 책을 읽으면 신의 경지에 통한다.

독서 명언을 써서 곳곳에 숨기듯 붙인다. 아이들과 함께 만들었다.

추천사 적기

책장 곳곳에 책 권하는 말을 적어 둔다. 독립서점 따라 하기, 서점놀이다. 아침독서와 삼시세끼 독서로 꾸준히 독서를 하여 독서량이 많은 아이들은 즐겁게 만들고 꾸며서 붙인다. 곧 온라인 서점에 서평을 써서 올릴 것을 계획하고 있다.

추천의 말 적기(동네 서점 따라 하기), 대출 도서 자리에 이름 카드 꽂기

미술실 겸 도서실

미술실이 따로 없어 도서실에서 미술 수업을 한다. 창고 안을 보다가 석고
상들이 잠자고 있어서 깨워서 데리고 왔다. 비너스는 교실로, 세네카는 도
서실로. 둘 다 목에 커다란 상처가 있어서 머플러를 매 주었다. 아이들은
머리띠와 마스크를 씌워 주기도 한다. 머플러는 가끔 바꾸어 준다.

스타 문인 캐리커처와 사진

알라딘 서점에서 구한 문인 캐리커처 쇼핑백을 칠판에 게시한다. 작가들
의 사진은 문학 수업의 좋은 자료다. 「엄마 생각」의 기형도 시인, 김수영 시
인, 책 소감 말하기에서 태이가 발표한 『페스트』의 작가 알베르 카뮈다.

독서 명화

독서 그림은 다다익선, 많을수록 좋다. 교무실에서 컬러로 인쇄했는데 섬세하고 볼 만하다. 전시회와 독서 행사에 가면 도록이나 엽서, 포스터, 리플릿 등을 얻어 온다. 학교에 가지고 와서 다시 보면 새롭다. 도서를 구입하여 분류 등록 작업 후 버려지는 책 표지도 좋은 게시 자료다.

상자 재활용

버리기 아까운 빈 상자에 잡지에서 오려 낸 그림이나 엽서를 붙여서 전기 스위치 덮개와 액자를 만들었다. 포장 상자들이 단단하고 예쁜 게 많아 평소 모아 두었던 그림 중 크기가 맞는 걸 딱풀로 붙이기만 하면 완성이다. 상자 액자는 벽에 걸거나 책장 위에 세워 둔다.

다○소 소품

책 읽다가 잠시 고개를 들면 눈에 보이는 귀여운 것들에 미소 짓게 된다. 아이들이 작은 것에서 위안을 얻을 수 있으면 좋겠다.

강력 추천 도서에는 반짝이별 스티커와 명렬표로 약간의⑦ 강제성을 준다. 독후감과 독후 기록은 최소한으로 줄인다. 자칫 마음에 무거운 부담이 되어 책을 멀리할 염려가 있다.

"천국이 있다면 그곳은 도서관과 같은 곳이리라."

그림을 붙인 상자 안에는 예쁘지 않은 스위치와 전기선이 들어 있다.

가고 싶은 도서실

도서실에도 예쁜 소품들이 필요하다.

아르헨티나의 작가이자 국립도서관 관장을 지낸 보르헤스의 말이다. 천국을 지키는 사서와 도서관 담당자는 행운을 얻은 자가 아닌가?

지금은 분야별로 청소년용 도서가 많이 출간되고 표지 디자인이나 인쇄 상태가 과거와는 비교할 수 없게 좋아졌다.

옛날에는 열쇠구멍 유리문이 달린 깊은 책장에 자주색이나 녹두색 단색의 근엄한 하드 표지 책들이 말을 걸기 어렵게 묵묵히 꽂혀 있었다. 『여자의 일생』, 『테스』, 『좁은 문』, 『전쟁과 평화』, 제목은 대부분 금박으로 새겨져 있었다. 2단 세로쓰기에 글씨는 흐릿했고 책장에는 종종 책벌레가 기어 다니곤 했다.

그래도 거기서 골라 읽은 한 권의 고전과 명작이 일생을 지탱해 주는 양식이 되었다는 것을 안다.

빈백과 무지개 해먹

사진으로만 봐도 흐뭇해지는 공간, 책이 있는 작은 동네 서점과 북카페다. 물론 이국의 특이한 재료로 요리하여 데커레이션한 음식 사진과 장엄한 자연 풍경과 기기묘묘한 꽃 사진도 좋지만, 책이 있는 사진은 좋다. 정말 좋다. 편안하고 우아하게 무심한 자세로 몰입하여 책을 읽는 사람의 사진은 보는 것만으로도 독서 본능을 불러일으킨다.

마법 소파, 빈백

아이들은 우리 학교가 전국에서 가장 예쁘다고 한다. 빈백과 해먹이 있는 도서실은 우리나라에 우리 학교밖에 없을 거라고 한다. 스웨덴과 노르웨이에는 있을 거라고도 한다. 빈백에 한번 앉아 본 아이들이 말한다.

"선생님, 이거 마법 소파예요. 일어날 수가 없어요. 여기서는 하루 종일 책을 읽을 수가 있어요."

올해 도서실 운영비로 빈백을 두 개 샀다. 아이들이 빈백에 누워서 책을 읽는 모습을 보고 싶었다.

바다를 향한 카페테라스에 줄지어 빈백이 있고 사람들이 편안히 몸을 기대어 누운 채 말없이 바다를 바라보고 있는 사진을 보았다. 그들은 바다와 하늘을 보고 있는 게 아니라 바다와 하늘을 읽고 있었다. 진정한 휴식이었다.

도서실에 바다 전망은 없지만, 몸을 감싸 주는 빈백에 기대어 책 읽는 경험은 괜찮을 것 같았다. 빈백에서는 어떤 책을 읽어야 어울릴까?

무지개 해먹

좋아 보이는 것, 색다른 것을 보면 학교와 교실과 아이들이 떠오른다. 교실에 어울릴까? 아이들이 이걸 좋아할까? 아이들의 눈높이로 생각해 보고 아이들의 반응을 예상해 본다.

해먹은 숲속 나무 기둥에 매달려 있어야 제맛이겠지만 고정형도 괜찮다. 무겁지 않으니 들고 나가서 운동장 가 나무 아래 두어도 될 것이다.

해먹에 누워서 책을 읽으면 기분이 어떨까? 해먹에서는 어떤 책을 읽으면 좋을까? 나는 무서워서 올라가지 못하는데 아이들은 서로 다투지도 않고 사이좋게 사용하고 있다.

생각만으로도 편안해지는 해먹과 빈백을 도서실에 들이다.

꽃과 차와 쿠키가 (가끔은 향초도) 있는 아침독서

책 먹는 아이들, 삼시세끼 독서

아침독서 꽃과 차와 달콤 간식이 있는 아침독서. 비 오는 쌀쌀한 날씨에
　　　　는 티 라이트를 켠다.

　간식은 한지 접시에 차린다. 한지 접시는 조심하지 않아도 소리가 나지
않아 독서 간식용 접시로 알맞다. 간식은 생협에서 사 온 우리 밀 와플과
머핀과 쿠키와 과자, 공정무역 초콜릿 등이다. 티 라이트와 간식과 차는
반드시 개인 접시에 차린다. 가위로 봉지 입구를 자르고 종이 도일리 한
장을 깔고 놓으면 아이들이 조금 더 행복해질 것 같다.

　추운 날 아침에는 코코아나 녹차를 낸다. 예쁜 머그컵에 따뜻하고 달콤
한 것을 마실 때 우리 마음에는 어떤 일이 벌어질까? 컵에 담긴 마실 것은
무엇이든 상대의 마음을 열게 한다. 여름엔 새콤한 레모네이드가 인기다.
차는 개인 컵이나 텀블러에 준다. 종이컵은 사용하지 않는다. 달콤한 코코
아나 향긋한 티백 녹차나 레몬에이드나, 마실 것 한 잔에 아이들 마음은
순하게 누그러진다.

내가 조금 수고롭고, 아이들이 많이 만족하는 간식 상차림

아이들은 등굣길에 풀꽃과 억새를 꺾어 오고, 화단에 떨어진 동백꽃을 주워 오고, 노란 탱자와 모과와 유자를 가져와서 독서 테이블을 꾸민다.

점심독서 점심시간에는 희망자만 도서실에 오는데 대부분 아이들이 운동장과 강당으로 간다. 운동장에서 걷고 농구나 축구를 하고 강당에서는 무대에 설치되어 있는 드럼을 연주한다.

주말과 휴일 점심독서는 1시에 알림 문자를 보내 집에서 한다.

저녁독서 저녁 8시부터 시작하는 저녁독서는 각자 집에서 '따로 또 같이' 한다. 알림 문자로 시작하는데 독서 명화 한 장을 같이 보낸다.

원조 밤샘독서

1년에 한 번은 도서실이나 교실에서 밤샘독서라는 이름으로 1박을 한다. 작년에는 마을에 있는 휴양체험관에서 편하게 했다. 올해는 그마저 할 수 없는 상황이 되어 버렸다. 다시 1박 2일 밤샘독서를 할 수 있는 날이 올까?

옛날 아이들이 말했다.

"선생님이 밤샘독서 원조 개발자인데 요즘엔 다른 학교도 많이 하는 것 같아요. 특허 등록해요."

도서실에서 밤을 새워 본 아이는 도서실을 특별한 공간으로 영원히 기억할 것이다. 어른이 되어 군대에서 직장에서 집안에서 독서모임을 만들어 1박 2일을 할지도 모른다. 마을마다 직장마다 집안마다 독서모임이 생겨서 마을회관과 카페와 저녁식탁에서 책 이야기를 하는 우리나라를 그려 본다. 가정에서는 저녁 식사 후 가족독서를 하고 직장에서도 아침독서를 하고 하루 일과를 시작하는 것이다. 차 마시면서 책 이야기를 하고 데이트하면서 책 대화를 하는 것이다.

전 국민이 함께 같은 시각에 책을 읽는다면 어떨까? 아침 8시와 저녁 8시부터 30분간을 모든 국민이 독서하는 시간으로 정한다면….

어디서나 가능한 밤샘독서, 금까내 마을회관

드디어 오늘! 교실에서 하룻밤

초능력 소녀 마틸다처럼

도서실 별명은 '마틸다 도서실'. 3월 초, '도서실에서 영화 읽기' 1회로 '마틸다'를 보여 준다. 태어날 때부터 비범한 아이 마틸다가 스스로 글을 깨치고 책을 읽고, 초집중 눈빛으로 초능력까지 갖게 된다는 줄거리다. 아이들은 마틸다처럼 독서하고, 나는 허니 선생님처럼 책을 읽어 주고 권한다.

'마틸다'를 시작으로 토요일 오전이나 일요일 오후에 '영화가 있는 도서실'을 꾸려 간다. 모니터 크기와 화질도 아쉽지 않을 만큼 좋다.

도서실은 가끔 영화관이 된다. 영화는 함께 봐야 맛이 난다.

그동안 본 영화는 〈나무를 심은 사람〉, 〈오세암〉, 〈호로비츠를 위하여〉, 〈빌리 엘리어트〉, 〈와즈다〉, 〈자전거를 탄 소년〉, 〈빨간 머리 앤〉 등이다. 아, 〈라이프 오브 파이〉, 〈악마는 프라다를 입는다〉, 〈트루먼 쇼〉도 봤다.

앞으로 볼 영화는 인도와 유럽과 이슬람권 등 나라별로 고루고루 선정할 것이다. 토론 거리도 있고 무거운 주제가 담긴 것도 괜찮을 것이다. 〈블랙〉, 〈무한대를 본 남자〉, 〈나 다니엘 블레이크〉, 〈내일을 위한 시간〉…. 또 뭐가 있을까? 내 맘대로 영화관이다. 내가 먼저 영화에 대한 책을 읽고 영화평을 많이 읽어야겠다.

가끔은 조바심을 내며 잔소리도 한다. 얘들아 한 화면도 놓치지 마. 줄거리만 보면 안 돼. 장면에 숨겨진 감독의 의도도 알아야 해. 인물들이 대화하고 인사 나누는 방식, 걸음걸이와 음식 먹는 태도, 옷과 머리 스타일, 실내 분위기, 건축 양식과 거리 풍경, 이런 걸 다 유심히 봐야 해.

짧은 동영상에 익숙한 아이들이 기승전결 플롯의 서사를 놓칠까 봐, 또 종합예술인 영화 작품으로 생활의 모든 면에 안목을 높이고 미적 감각을 갖게 되기를 바라며 하는 잔소리다. 영화가 끝난 후 점심을 먹으며 또는 차를 마시며, 아이들에게 아주 사소한 것을 슬쩍 질문하여 영화를 주의 깊게 보았는지 확인하기도 하고, 무거운 주제에 대해서는 토론을 유도하기도 한다. 영화마다 아이들이 보이는 뜻밖의 반응을 보며 나 자신도 새로운 눈으로 작품을 다시 읽게 된다.

즐거운 정리

가구 버리기

도서실 활동 공간과 서가 공간을 나누는 부분에 쓸모없이 커다란 칸막이 수납장이 있었다. 수납장 바닥에는 전기 코드가 연결되어 있어 콘센트를 분해해야 수납장을 옮길 수 있었다.

녹이 난 철제 캐비닛도 꺼냈다. 다른 가구들과 어울리지 않고 수납 공간도 충분하기에 버렸다. 고장 난 복사기나 컴퓨터, 사용하지 않는 물건, 포장도 뜯지 않은 기증 도서 상자, 간행물 등을 도서실에 보관하는 경우가 있다. 도서실은 꼭 필요한 가구만 두고 아이들의 활동 공간을 넓혀 주어야 한다. 책도 보존 가치가 있는 것과 신간 위주로 아이들이 읽을 수 있는 것을 분류해서 정리한다. 아이들이 필요 없는 책과 물건을 창고처럼 보관해 놓는 곳이라고 인식하면 도서실은 점점 아이들과 멀어지고 말 것이다.

청소

가구와 물건 정리를 다 했으면 이번에는 청소다. 고무장갑을 끼고, 앞치마도 예쁜 걸로 하나 장만해서 입는다. 아, 마스크도 써야 한다.

청소기를 사용하면 공기 중에 먼지가 일어나니, 먼저 걸레로 닦아 낸다. 파란색 극세사 걸레를 빨아서 물기를 꼭 짜고 가지런히 접어서 닦아 낸다. 책장 위와 아래와 모둥이, 전등 위와 유리창, 그리고 책 표지와 두꺼운 사전 케이스도 닦는다. 걸레에 두껍게 묻어난 먼지를 보면, 뿌듯하다. 책장 아래나 뒤쪽에는 죽은 나방과 벌레들이 있고, 몇 년 전 날짜가 쓰인 과자 봉지와 말라비틀어진 귤 조각도 나온다. 오래전에 졸업한 선배의 이름이 적힌 학습활동지도 발견된다. 인테리어의 시작은 청소다.

가구 재배치

대출 공간과 수업활동 공간을 고려하고 아이들의 동선을 예상하여 가구를 재배치한다. 답답하지 않게 연결하면서도 독립 공간은 남겨 놓는다. 편안하게 책을 고르고 대출하고 읽고 쉬고 놀고, 넓은 공간은 아니지만 고민하고 궁리할수록 점점 나아진다.

문구 정리

미술 시간에 사용하는 문구와 독서활동에 필요한 문구들을 정리한다. 연필, 2B연필, 4B연필, 색연필, 사인펜, 네임펜 유성펜, 칼, 가위, 풀, 사용 후에도 아이들이 정리를 잘할 수 있도록 같은 종류끼리 나란히 모아 둔다.

체험학습으로 만든 소품들을 집에 가져가지 않고 던져 버린 것들이 많다. 한지 필통과 청자 컵과 접시, 모두 수납 정리용품으로 좋다. 한지 필통에 그림붓을 호수별로 나누어 정리했다. 이면지와 메모지도 상자나 바구니에 보관한다.

정리하기 좋은 가구를 발견! 필기구를 종류별로 나누어
각종 상자에 가지런히 담았다(케이크 상자, 계란 상자, 절반으로 자른 1L 우유 상자).

발견의 기쁨, 책 정리 그리고

새 학년도 시작 전 2월에 아버지와 함께 우리 학교 도서실을 구경하고 학군 재배정을 받아 입학한 아이가 있다. 책을 사랑하고, 밥 먹는 것보다 잠 자는 것보다 독서를 좋아하는 독서천사다.

그런데 이 아이, 도서실 책을 대출하지 않는다. 온라인 서점에서 열 권씩 열다섯 권씩 주문하여 받아 읽는다. 그리고 그 책을 교실에 가져다 놓고 반 아이들에게 빌려준다. 심지어 책 뒷면에 아이들 명렬표를 붙이고 읽은 사람 에게 상품도 나눠 준다. 서점에서 포인트로 받은 사은품 향초, 에코백, 메모 지, 수첩, 우산 등을 나눠 주면서 추천 도서를 읽도록 권장하는 것이다. 나 의 도서실 사업을 방해하는 강력 라이벌(?)이다. 어느 날 진지하게 물었다.

나 　은아, 너는 도서실이 좋아서 우리 학교로 왔다면서, 정작 도서관은 이용도 안 하고, 책
　　을 다 사서 읽고 심지어 아이들에게 네 책을 빌려주기까지 하니 어떻게 된 거냐?

은이 　그게요, 음 그러니까 도서관이 제대로 되어 있지 않으면 학교가 허술하게 보이잖아요.
　　만화가 너무 많거나, 시리즈나 전집류가 정돈이 되어 있지 않거나 도서 분류가 제대
　　로 되어 있지 않으면 학교 전체가 그렇게 보여요. 그래서 도서실이 중요해요

나 　(음, 학교가 허술하게 보인다!?)

그렇게 말하며 도서실 책 관리와 청소는 맡아서 하고 싶다고 했다.

나의 라이벌인 은이가 차린 학급 서가는 학교 도서실보다 따끈따끈한 신간 위주로 책등 디자인과 두께와 높이를 맞춰서 정리해 놓았다.

책 버리기, 숨기기, 다시 꽂기

장서 점검을 하고 오래된 전시본 교과서, 사용하지 않는 CD, 5년이 넘은 교육청 간행 장학자료 등을 버린다.

훼손된 책, 가치가 없는 책, 너무 많은 복본은 숨겨 두었다가 연말에 절차를 거쳐서 폐기한다. 아이들에게 권하고 싶지 않은 책 역시 수납장 안에 깊이깊이 숨겨 두었다가 구입 연월일을 봐서 차례로 폐기한다. 무협지 종류는 읽어도 좋지만, 먼저 읽히고 싶은 책이 많으니까 역시 깊이 넣어 두었다가 추천 도서들을 다 읽은 사람에게 대출해 주기로 한다.

주로 십진분류법에 따라 정리하지만, 청소년 도서와 교과 관련 도서를 따로 모아 주제별로 정리하는 것도 아이들을 위해서는 좋은 방법이다. 그래서 십진분류법과 주제별 분류 두 가지를 절충한다.

나는 도서관장^^이니 내 맘대로 나만의 스타일로 정리한다. 전문 도서관에 비해 권수가 적으니 며칠만 고생하면 된다. 손바닥이 붉은 일장갑을 끼고 책의 키와 두께와 색깔을 살펴 가며 보기 좋게 꽂는다. 헤어져서 따로 꽂혀 있는 전집류나 시리즈물, 복본을 찾아 한곳으로 나란히 모아 둘 때면 희열을 느낀다. '발견의 기쁨'이다.

아이들 중 더러 정리벽이 있는 아이가 있다. 책을 좋아하고 손끝이 야무지고 거기다 정리벽까지 있어서 출판사별 시리즈 번호가 순서대로 되어 있지 않으면 못 참는 아이, 이런 아이는 나와 단짝이 된다.

"이제 책방 오픈만 하면 되겠어요."

아이들이 이렇게 말하면, 도서실 정리는 끝이 난다. 모든 아이들이 도서실을 학교에서 가장 좋아하는 공간으로 뽑을 때까지 다듬고 닦고 꾸미고 정리할 것이다.

서재 인테리어 구경

힘들게 청소하고 정리했으니 쉬면서 인터넷에서 검색한 서재 사진을 보여준다. 디자인이 가미된 책상과 책장 의자와 소파 등 가구도 볼 만하고, 책을 정돈하여 꽂아 둔 모양도 멋지고, 거기에 감각적인 그림 액자와 식물 화분까지 있으면 완벽한 인테리어 사진으로 독서 본능을 불러일으킨다. 책장만 해도 상상력을 자극하는 각양각색의 모양이 있고 우아하고 단정하고 품격 있는 실내 분위기. 한 장씩 넘길 때마다 아이들이 환호성을 지른다.

"오! 내 취향이야, 깔끔해.", "큰 창문 좋아.", "미니멀리즘이다. 앤티크 스타일이야."

어디서 들었는지 인테리어 전문용어도 나온다.

"나도 나중에 저런 서재를 꾸며야지."

내가 듣고 싶은 말이 들려온다. 작은 꿈 하나를 심어 준 느낌이 들었다.

세계의 아름다운 도서관과 서점 구경

아이들 반응에 고무되어서 이번엔 세계의 아름다운 도서관을 검색해 사진을 구경한다.

체코의 스트라호프 수도원 도서관, 뉴욕 공립 도서관, 이집트의 알렉산드리아 도서관, 화면이 바뀔 때마다 아이들은 지치지도 않고 계속 환호성을 지른다. 독일의 슈투트가르트 도서관은 우리나라 건축가가 디자인했고 건물 사면에 4개 국어로 도서관이라고 쓰여 있는데 독일어, 영어, 아랍어에 이어 한글로 쓰여 있다고, 마치 직접 가서 보고 온 듯이 말해 준다. 아이들은 믿지 않았다. 사진으로 보여 주었더니 탄성을 지르며 놀란다. 다른 설명을 덧붙일 필요가 없다.

"오, 가 보고 싶어요. 선생님이 문화마실 체험으로 데리고 가 줘요."

세계의 유명 서점도 구경한다. 해리 포터에 나오는 포르투갈의 렐루 서점, 그리스의 아틀란티스 북스, 미국의 브래틀 서점, 아르헨티나의 엘 아떼네오 서점. 아이들은 입을 다물지 못하고, 한숨을 쉬면서 모니터를 바라본다. 아이들이 자라서 혼자 여행을 다닐 수 있을 즈음엔 온 세계가 안전하게 될까?

독서 명화, 독서하는 사람들 사진, 그리고 독서 이미지와 일러스트, 보여 줄 게 많다. 독서 본능을 자극하는 좋은 그림과 사진과 일러스트들이 많다.

자기 집 책이 있는 곳 사진을 찍어서 수업시간에 같이 나눠 보자고 했는데 아직 하지 못했다. 책상이나 책장의 정리 전후 사진을 찍어서 같이 한 번 보는 것도 좋겠다.

5

예산 없이,
공사 없이

사람들이 좋아하며 자주 방문하고 입소문을 내는 곳이 많다. 실내 공간인 카페들도 있지만 폐교를 미술관으로 꾸민 곳, 시골 마을이나 작은 섬 전체를 오밀조밀 벽화와 미술품으로 꾸며 유명해진 곳도 있다. 즐거움과 위안과 치유를 얻기 위해 사람들은 멀리서 일부러 찾아간다.

1%만

코로나 19로 공연과 전시행사가 거의 없었는데, 지난 8월 말 읍내 아트 홀에서 무용 공연과 도자기 전시회가 있다는 알림 문자가 왔다. 저녁밥을 먹고 독서동아리 아이들과 마실 삼아 구경을 갔다.

전시회는 '연잎, 청자비색을 담다'라는 제목의 강진 도예가 김광길 작가 작품전이었다. 청자로 표현한 연잎과 연잎 사이를 헤엄치는 물고기를 벽에 설치하였는데 발상이 신선했다. 연꽃 핀 못 한 겹을 고이 떠서 벽면에 옮겨 걸어 놓은 듯 서늘한 느낌이었다.

오, 예술품이란 이런 것! 청자로 빚은 연잎. 학교 현관에 게시판을 떼어 내고
이런 예술품을 데리고 오면…

오랜만에 전시장에 와서 좋아하며 감상하는 아이들을 보며 문득 생각이 들었다.

'한 작품 가져다가 학교 현관에 걸어 놓으면 어떨까? 몇 년째 변함없이, 아니 개교 이래 지금까지 같은 자리에 걸려 있는, 아무도 눈여겨보지 않고 아무 감흥도 일어나지 않는 녹색 학교 현황판을 떼어 내고, 그 자리에 질감 좋은 청잣빛 연잎과 노랗게 채색한 사랑스러운 물고기들을 데려다 놓는다면….'

상상만으로도 흐뭇했다.

예술품은 매일 봐도, 몇 년째 같은 자리에 있어도 언제나 새롭게 보이고 영감을 준다.

'1%법'이 있다. "면적 1만㎡ 이상 건축물을 지을 때 건축 비용의 최소 1%를 반드시 미술품 구입 설치에 써야 한다"라는 법이다.

학교에서도 매년 운영 예산의 1%를, 아니 0.5%라도 예술품 구입에 사용하도록 하면 어떨까? 그러면 모든 학교의 현관이나 벽면 한 곳, 빈 교실 한 칸을 갤러리로 만들 수 있을 것이다.

학교폭력 예방 교육, 자살 예방 교육, 성폭력 예방 교육… 그 모든 예방 교육을 하는 예산과 노력으로 찾아가는 예술품 전시회를 여는 것이다. 그림, 도자기, 수예품, 천연염색 제품, 목공예품 등 지역 예술가와 수공예 작가들의 작품을 구입하여 학교 공간의 품격을 살리고, 아이들의 감각과 심미안을 높이고, 동시에 예술가와 작가들을 지원하는 의미 있는 프로젝트가 될 것이다.

더 나아가 작품 목록을 만들어서 학교 간 교체 전시회를 여는 것도 좋을 것이다. 학교로 찾아오는 예술품 전시회, 생각만 해도 기분이 좋아진다. 미적 감각과 사물을 보는 안목과 자존감은 높아지고, 모든 사나운 힘은 순해지고 선해질 것이다.

또한 아름다운 공간은 인성을 바꾼다. 그러므로 강의와 퀴즈 중심의 예방 교육 대신 예술적인 공간을 만들어 주는 것이 가장 효과적일 것이다.

학교 곳곳에 시설이 늘었다. 별관을 지어서 특별실을 만들고, 복도에 수돗물이 나오는 작업대와 수납장도 설치했다. 예전에 없던 탈의실, 휴게실, 회의실, 실내 로비, 소공연장 등이 생겼다.

신설 학교나 새 건물을 지은 학교, 또는 공간 혁신 사업 대상 학교는 외관부터 다르다. 건물의 전체 구조와 디자인, 벽돌 색깔, 창문 모양과 창틀 색깔이 새롭고, 안으로 들어가면 높은 층고의 중앙 로비와 열린 공간들이 자유로운 사고와 다양한 활동을 할 수 있을 것 같다.

반면 오래된 건물은 반듯한 일자형 구조에 좌우 대칭으로 네모난 유리창과 교실이 이어진다. 하지만 이런 구조에도 장점은 있다. 채광과 통풍과 전망이다. 자연광이 실내로 비치고 자연풍이 통과하는 건물은 쾌적하고 사용자의 만족도도 높다. 실내 어디서나 바깥 풍경이 보이는 것도 매력적인 장점이다.

학교 건물 구조가 문제점이 많은 것은 사실이나 그 많은 학교를 새로 짓는다는 것은 현실적으로 어려운 일이다. 지금 내가 여기서 할 수 있는 일이 무엇일지 궁리해 보았다.

패브릭, 휘게릭

어쩌다 사무적이고 건조한 공간이 되어 버린 학교, 신발장 사물함 청소함 수납장 책장 위에 천 한 장만 덮어도 '휘게릭'한 느낌을 줄 수 있다.

덥고 눅눅한 여름에는 까슬까슬한 인견에 감물과 쪽물 염색을 이중으로 한 것이 시원하다. 가끔은 꽃무늬도 좋다. 요즘 같은 감염병 시대, 하얀 면이나 워싱 광목을 깔면 청결하고 위생적으로 보인다. 크리스마스와 연말이 들어 있는 겨울에는 초록과 빨강 체크가 제격이다.

바느질은 할 줄 몰라도 괜찮다. 원하는 모양과 크기로 잘라 세탁소에서 테두리를 박음질하면 된다.

전통자수나 프랑스자수로 들꽃을 수놓거나 하면 더없이 좋겠지만 그냥 천만 깔아도 비용과 노력 대비 효과는 말할 수 없이 크다. 더러워지면 한 달에 한 번 정도 걷어서 세탁하면 된다.

패브릭의 힘은 정말 세다. 물론 너무 많으면 역효과이니 절제가 필요하다.

짝퉁 명화 미술관

외관 함석이 낡은 정미소나 철공소 등을 공방이나 미술관으로 개조하여 사람들의 호응을 얻은 경우를 많이 본다. 오래된 학교 건물에서도 특유의 분위기를 살리면 이런 효과를 얻을 수 있지 않을까?

2층 복도 끝에 흡연자의 상한 장기를 확대하여 촬영한 사진으로 만든 게시판이 여섯 개나 붙어 있었다. 하나같이 혐오감을 불러일으키는 사진들이었다. 흡연 학생도 없을 뿐만 아니라 상시 게시는 너무 지나치다고 생각하여 이 패널에 달력에서 명화를 오려서 붙였다. 이 일을 같이 하던 선생님의 천사 같은 모습이다.

그 후 약간의 예산이 생겨 인터넷 쇼핑몰에서 복사본 명화 패널을 샀다. 명화를 제작하여 판매하는 회사가 많고, 그림 제작 방식이나 액자에 따라 가격대가 다양하다. 비싸고 화질 좋고 액자도 고급스러운 것이면 좋지만 가격 대비 만족도가 높은 것으로 샀다.

죽기 전에 보아야 할 명화 시리즈는 30×40 크기 가격이 만 원 정도다. 종이가 아닌 캔버스 천에 인쇄하여 색감이 좋은 편이다. 이름난 화가의 알려진 작품, 천진한 아이들이 주인공인 인물화, 이국의 풍경화, 꽃그림, 이야기가 있는 그림, 두세 점이 세트로 구성된 것 등 매우 다양하고 화질도 선

액자 공장을 차렸다. (손상된 폐와 간 사진이 인쇄된) 흡연 예방 알림 패널에
달력에서 잘라 낸 명화를 붙였다.

명해서 교실과 복도를 미술관으로 꾸미기에 부족함이 없다.

달력이나 잡지에서 오린 사진 그림 일러스트 혹은 엽서를 넣어서 간단
히 액자를 만들 수도 있다. 소박하게 만든 엽서 액자들을 사물함과 청소
함 위, 화장실 창틀에 올려놓는다.

화장실 문에 흔한 스티커나 표어를 떼어 내고 화가의 명화를 붙인다. 화
장실 문에 마티스와 호크니의 그림이 있으면 아이들이 화장실 공간을 좋
아하고 아끼지 않을까.

그림을 보고 자란 아이들은 좀 다를 것 같다. 좋아하는 화가의 전시회가 열리면 바쁘더라도 틈을 내어 찾아갈 것이다. 여행을 가서도 조용한 미술관을 찾을 것이다. 바쁜 일정에서 어느 한 곳만 선택해야 한다면 소란한 관광지보다 미술관을 선택할 것이다. 10년쯤 후 유럽 여행을 가서 오슬로 미술관, 오르세 미술관, 프라도 미술관, 니스 미술관의 원화 앞에 서서 중학교 교실을 떠올릴 것이다.

시골 작은 중학교 교실에 이 그림이 있었다고, 그때 나는 열네 살이었다고….

이미 뛰어난 화가가 되어 있을지도 모른다. 화가가 되지 않더라도 불가해한 삶의 여러 면을 볼 줄 아는 사람, 예술가들의 정신세계를 이해하는 사람, 예술 작품에 값을 지불할 줄 알고. 서재에 그림을 걸 줄 아는 사람이 될 것이다.

자유학년제 체험학습 후 기념품으로 아이들에게 명화 액자를 한 점씩 사 주기로 했다. 인터넷 몰에서 살펴보고 마음에 드는 한 점을 고르는데 역시 아이들의 개성과 취향을 볼 수 있어서 즐거웠다.

마티스, 모네, 마네, 칼 라르손, 호아킨 소로야, 뭉크….

복도와 교실에 게시된 그림을 보고 어느 틈에 안목도 생겼고, 자기가 좋아하는 화가가 누구인지도 알게 되었다며 신중하게 그림을 감상한다.

배송 오면 공부방을 정리하고, 그림을 벽에 걸고 인증사진을 찍어서 함께 감상하기로 했다.

조화도 좋아

지천에 풀꽃들.

가장 적은 비용과 노력으로 인테리어 효과를 낼 수 있는 것이 꽃과 식물이다.

꽃 파는 가게는 없지만 사방에 꽃은 많다. 학교 담장 아래 핀 작고 작은 꽃들, 자세히 들여다봐야 보이는 먼지 한 톨만 한 꽃, 오전에 잠시 파란 꽃잎을 보여 주고 오후가 되면 눈꺼풀을 닫아 버리는 달개비도 지천이다. 뿌리까지 조심히 캐서 화분에 심어 교실로 데리고 간다. 매일 물을 주고 햇볕을 잘 쬐어 주면 장미나 백합보다 예쁘다.

그해에 만난 아이들은 좀 특별했다. 수업 진행이 어렵고 교실 관리도 엉망이었다.

주말에 두 가지를 준비해서 월요일 출근을 했다. 페튜니아 화분을 창틀에 걸었다. 매일 한 장씩 넘기는 명언 달력도 게시판에 걸었다.

1교시 후 쉬는 시간에 교실에 올라갔다. 화분은 바닥에 나뒹그러져 있고 꽃은 꽃대로 흙은 흙대로 분리되어 처참한 최후를 보여 주고 있었다. 명언 달력 30장 중 일곱 장만 붙어 있고 다 뜯어져서 사방에 돌아다니고 있었다. 실망했지만 그것들을 치우면서 생각했다.

'일단 이 아이들이 화분과 명언 달력에 반응을 보였구나. 좀 과격한 반응이지만….'

지금 우리 반 아이들은 서로 다투어 화분에 물을 주고 새 잎이 나거나 아기 뿌리가 나오면 어루만지며 말을 건다. 그때 그 아이들은 왜 그랬을까? 외로워서 그랬을까?

식물 키우기가 쉬운 일은 아니다. 물을 잘 안 주어서 혹은 너무 많이 주어서 죽는 경우가 많다. 학년 초에 기르기 시작한 식물을 학년 말까지 살려서 보는 일이 흔하지는 않다. 더구나 북쪽으로 창이 있는 복도에 화분을 두고 잘 키우기는 어렵다.

꽃이라면 조화도 좋아. 하지만 가끔 꽃을 바꾸어 꽂는다.

그래서 복도와 계단에 시들지 않는 꽃, 조화를 꽂아 두었다. 진짜가 아니면 어떤가? 꽃이란 참 신비해서 그 오묘한 모양과 화사한 빛깔만으로도 보는 이를 흐뭇하게 한다.

직접 만드는 재주는 없으니, 역시 온갖 것이 '다 있는' 상점에서 사 온다. 거의 생화처럼 잘 만들어진 조화가 많다. 장미 해바라기 수국 모란 코스모스도 있고 나뭇가지와 풀도 있다. 없는 게 없다. 레몬, 오렌지, 모과, 사과, 호박 등 과일과 열매가 달린 나뭇가지도 여러 가지가 있다. 진짜도 아닌 것이 구경하며 고르기도 즐겁다.

옹기 항아리나 긴 화분에 풍성하게 꽂아 복도와 층계참에 둔다. 가끔 자리도 옮겨 주고 항아리도 서로 바꾸어서 변화를 준다.

창고에서 보물찾기

날씨 풀리고 사방에 봄꽃은 벌고, 학년 초 업무에 조금 여유가 생긴 4월 어느 날, 학교 창고를 열어 구경한다. 먼지에 덮인 채 쌓여 있는 것들을 들추어 본다.

민트색 탁자가 눈에 띄었다. 크기가 아담해서 콘솔 느낌으로 복도 끝에 두면 괜찮을 것 같아 들고 나온다. 화분이나 도자기를 얹어 두어도 좋을 것 같다. 먼지를 닦으며 보니 조금 흠이 있다. 하지만 천 덮개를 씌우니 감쪽같다. 오히려 빈티지하고 특별한 느낌을 준다. 현관에 모여 있던 닥종이

창고에서 데리고 온 민트 테이블에 하얀 무명천을 덮어 주었다.
테이블 위 벽으로 지나가는 전깃줄에 작은 것들을 매달았다.

인형도 하나 놓았다. 가끔 전시물을 바꿔 준다. 급식실과 운동장에 갈 때 보면 흐뭇하다.

한때 학생들 책상에 깔았던 것인지 책상 크기의 유리가 여러 장 쌓여 있다. 쓸 데가 많을 것 같아, 보이는 대로 들고 나온다. 우선 먼지를 닦아 보관해 둔다.

모양은 멀쩡한데 몸통이 깨져서 제 소리를 내지 못하는 북이 버려져 있다. 좌식 다탁으로 쓸까? 다육이 화분 받침? 책 진열대? 아무튼 가지고 가 보자. 지금은 교실에서 다육이 화분 받침으로 사용하고 있다.

교장 선생님 부임 시 축하용으로 받은 화분들이었는지 키 큰 화분들이 몇 개 보인다. 장미가 돋을새김으로 조각된 것도 있고 바로크 양식인지 로코코 양식인지 우아하게 모양을 낸 것도 있다.

이건 우산꽂이로 쓰자. 플라스틱 휴지통 대신 우산꽂이로 사용하면 괜찮겠다. 밑에 물 빠지는 구멍도 있으니…. 조화를 꽂아도 좋겠다. 화분인데 쓸 데가 많다.

아이들 손은 금손

아이들은 모방과 창조의 천재들이다.

스스로 의견을 내서 공간을 바꾸고, 직접 결과물을 만들어서 게시하거나 꾸몄을 때 공간을 사랑하고 아끼는 마음이 생긴다. 자신감과 자존감을 갖게 된다.

게시판, 하얀 칠판, 검정 칠판, 유리창, 벽 등 여백을 주면 아이들은 자신을 표현하고 친구들과 자신의 감정을 공유하고 교감하며 성장한다.

아이들이 하는 말에 귀 기울이고, 얼굴 표정을 자세히 보고, 그들이 무엇인가 표현하고 만들어 내보일 때 격려하고, 아이들 눈높이로 감상하며 아이의 마음으로 즐기면 되는 것이다. 아이들은 모두 뛰어난 예술가, 아이들 손은 모두 금손이다. 편견이 없고 두려움도 없고.

내빈용, 휴먼옛체로 진하게 출력하여 현관 신발장에 붙여 놓은 것을 떼어 내고 아이들이 만든 것으로 바꾸었다.

검정 칠판과 전용 펜을 사 주었다. 시 구절도 적고, 책에 나오는 좋은 구절도 적어서 어울리는 배경으로 꾸미면 끝.

급식실의 알림판도 아이들이 느낌 있게 만들었다. 식사예절을 알리는 문구도 고민하여 정했다. 만들어 가는 과정이 공부다.

식탁에 들꽃 한 송이 꽂으면 혼자 먹는 밥도 외롭지 않다는 박남준 시인의 말이 떠올라 화병을 놓고 싶지만, 꽃가루가 날려 위생에 문제가 생길까 우려되어 그만두었다.

아이들이 만든 것은 아름답다. 눈을 반짝이며 머릿속으로는 전체 모습을 구상하고 과정을 궁리하며 두 손을 고물고물 놀리며 만든 것들은 느낌이 있고 울림을 준다. 자유롭게 놀면서 만든 결과물에는 감동이 있다. 예술 작품이다. 아이들은 모두 타고난 예술가들이다.

환경 구성을 돕기 위해 원색으로 시각효과만을 노린 상품들이 많이 나와 있다.

고민 없이 환경 예산으로 완성된 제품을 구입하여 게시판에 붙이면 수월하겠지만 교사의 철학과 아이들의 서툰 손길이 담긴 전시물과 게시물이 보는 이의 마음에 가닿지 않을까?

사물의 재발견

그림엽서

이 꽃그림을 떼어 내면 큰 구멍이 있다. 과학실 교탁에 구멍이 나 있어 그 자리에 꽃 그림을 붙였다. 이것도 가끔 바꿔 준다. 일러스트나 캘리그라피 작품이나 시화 등, 주변에 예쁜 자료는 얼마든지 있다. 감추고 싶은 것을 가리는 데 유용하다.

교탁 옆면, 꽃그림을 들추면
큰 상처가 나 있다.

CD 수납장

학습 자료를 보관하는 좁은 방송실에 자리만 차지하고 있던 CD 수납장이다. 한때는 과목별로 수업시간에 CD가 많이 쓰였지만 지금은 거의 사용하지 않는다.

버려져 있던 CD장을 창고로 들어가기 직전에 발견했다. 모양과 색깔이 단정하여 구조가 단단하여 어딘가 쓸모가 있을 것 같았다. 칸마다 찻잔, 다관 등 차 도구를 채워서 차실에 두면 좋을 것 같았지만 차실을 운영할 형편은 아니었기에 복도 끝에 세워 두고 장식장으로 쓰기로 한다. 아이들과 선생님들에게 세 칸씩 분양한다고 알렸더니 도자기, 향초, 작은 봉제인형 등을 가져와 칸이 채워졌다.

오래전 학습 자료 CD장을 눕혀서 도자기 소품을 수납 전시했다.

보자기

추석과 설날, 갈비 인삼 한과 등 선물세트를 싸서 보내는 보자기, 바로 버리기는 아까워서 싱크대 서랍에 모아 두었는데 열 개가 넘었다.

교실 벽에 붙어 있는 벽걸이 선풍기는 여름에 할 일을 다 하고 겨울 동안은 헐벗은 채로 먼지가 쌓여 있기 일쑤이다. 다음 해 여름 선풍기를 사용하기 위해서는 눌어붙은 먼지를 애써 닦아 내야 한다. 이동식 선풍기도 마찬가지다. 선풍기 덮개를 만들어 파는 곳이 있지만, 보자기로 묶어서 보

관해 두면 여름에 바로 사용할 수 있고, 아이들이 재활용 지혜를 배우는 의미도 있다

선풍기에게 고마운 마음을 담아 이불을 덮어 주듯, 겨울옷을 입히듯 보자기로 감싸 준다.

선풍기도 겨울에는 춥다, 보자기로 옷을 입힌다.

조각보

선물로 받은 조각보를 창문 버티컬에 이어 붙였다. 노랑, 자주, 초록, 연두, 연분홍, 진분홍, 다홍. 알록달록 맛있는 색상이 굳은 마음을 풀어 주고, 오늘은 저 네모 하나 크기만큼이라도 무슨 좋은 일이 일어날 것 같은 기대를 갖게 해 주는 마법의 조각보. 커튼으로 변신한 상보. 창문을 열면 하늘을 배경으로 살짝 날리는 모습이 예쁘다.

빛이 선사하는 색상들은 어쩌면 비타민이나 미네랄 같은 미량 영양소인지도 모른다. 보는 순간 입꼬리가 살짝 올라가고 손끝 혈관에 힘이 실리는

미량 영양소다. 어릴 적에 할머니가 밥상을 덮어 두던 상보가 떠오른다.

조각보는 예술품. 오늘도 네모 조각 한 개 크기의 좋은 일이 일어날 거야.

조각보를 내게 선물한 사람은 내 어머니의 친구인데 살림에 쓰라며 주신 조각보가 저기 저렇게 걸려 있다는 걸 모르시겠지.

나무 서랍

오래된 나무 느낌이 좋아 앤티크 액자로 꾸며 벽에 걸었다.

손잡이 부분의 장식이 멋스러워 수납 트레이로 사용하기도 한다. 스테이플러, 접착테이프, 연필깎이 등 문구를 모아 두었다.

보건실 담당 선생님이 버리려고 내놓은 '앉은키 재기'도 주워 온다. 올라서면 키와 몸무게가 자동으로 표시되는 디지털 기기가 있고 앉은키는 더이상 측정하지 않는다고 했다. 교육박물관 같은 곳에 보내야 할 기구이지만 어쩐지 어린 시절의 향수를 느끼게 하는 그것에 자꾸 눈길이 간다. 교무실 앞 복도에 두고 몸통 날렵한 난 화분을 놓았다가 누군가가 만들어 놓은 무거운 석란을 놓았다가 해 본다. 소꿉놀이다.

체

읍에 외출하여 아는 이 공방에 갔는데 둥근 체에 헝겊 인형을 앉혀서 벽에 걸어 놓은 게 눈에 띄었다. 이 아이디어 학교에서 사용해도 되느냐고 물으니 오히려 고맙다고 한다.

시장에 가서 보니 나무와 철사로 만든 체를 팔고 있었다. 우선 빨간 머리 인형을 올려놓았다. 곰돌이도 앉혀 보았다. 한 달에 한 번쯤 주인공을 바꿔 주어야겠다.

일러스트레이터, 메이크업 아티스트, 예술감독, 큐레이터 등 창의적인 일을 꿈꾸는 아이들에게 사물을 새롭게 보는 눈과 재활용 감각을 키워 주는 자극이 될까?

앉은키를 재고 있는 석부작, 체 안에 들어간 곰돌이

옹기 항아리

우리 지역이 청자로 유명한 곳이지만 바닷가에 옹기 장인이 사는 옹기마을도 있다. 옹기는 서민들이 사용하던 것이었으리라. 장인이 만든 건 작품이기에 학교 예산으로는 사기 어렵겠지 짐작하면서도 혹시나 하고 전화를 했는데, 조금씩 흠이 있는 항아리들만 모아서 염가에 판다고 답을 주신다. 바다 구경을 하면서 찾아갔다. 바다는 청잣빛인데 옹기마을에 줄 세워 둔 갈색의 옹기들이 햇빛을 받아 반짝반짝 빛나고 있다.

항아리들을 마구 쟁여 놓은 데서 이것저것 두드려 보고 만져 보고 해서 네 개를 데려왔다. 수돗가에서 부드러운 수세미로 씻고 물로 거품을 씻겨 주니 맑은 맨얼굴이 나온다. 햇볕에 말려서 하나는 현관에 플라스틱 휴지통 대신 우산꽂이로, 두 개는 조화 화병으로, 배가 유난히 볼록한 하나는 그냥 복도에 엎어 놓았다. 가끔 위에 화분이나 아이들 작품을 올려놓으면 좋을 것 같다.

질박한 빛깔과 푸근한 모양이 고향집 장독대를 떠올리게 한다. 정겹다.

강진 칠량면 봉황마을에서 데리고 온 항아리 네 형제

안 돼, 상자는 버리지 마

아버지 와이셔츠 상자에 보물을 모아 보관하던 시절이 있었다. 머리핀과 종이인형, 편지나 엽서 받은 것, 통지표와 상장 등을 담아 두는 보물상자였다. 물건이 귀한 시대였다. 요즘처럼 수납가구와 정리용품이 다양하게 나와 있어서 골라 쓸 수 있는 시대가 아니었다.

학교에서도 매일 일정 개수가 버려지는 우유팩, 간식 상자, 떡 상자, 케이크 상자, 화장품 상자 등은 재료도 좋고 견고하며 디자인이 가미되어 예쁘기까지 하다. 얼마든지 재사용이 가능하다. 영구적인 사용도 가능하다. 하드보드 종이 상자는 플라스틱 바구니보다 손에 닿는 느낌도 좋다. 점심 급식에 나온 과일주스나 푸딩 용기를 씻어서 클립 집게 등 문구를 담아 둘 수 있다.

펄프로 만든 친환경 계란 용기는 쓸모가 많다. 영구적이지는 않지만, 질감이 좋아 문구와 메모지 함으로 쓴다. 계란 상자, 화장품 상자, 향수 상자, 건강식품 상자를 이용해 교실에서 쓰는 보드마카, 필기구, 메모용 이면지, 색연필과 사인펜, 청소용구 학습도구 들을 분류하여 가지런히 정돈한다.

A4 이면지도 인쇄 가능한 것, 메모만 가능한 것, 크기가 일정하지 않은 것 등을 나누어서 종이 상자에 담는다.

그림이나 사진을 붙여 액자처럼 벽에 걸거나 또는 전등 스위치를 가리기도 한다.

뚜껑이 붙어 있는 튼튼한 견과류 포장용기에 시화를 꾸며 전시한다. 뚜껑 부분에 가을 시를 적고 내용물이 있던 곳에 단풍잎과 은행잎을 담아 가을을 꾸몄다.

종이 상자는 정말 쓸모가 많다.

견과류 상자에 단풍잎을 가득 채우고 시 한 수를 적었다.

0원 인테리어

자연물은 돈이 안 드는 인테리어 소재다. 돌멩이, 조개껍데기, 솔방울, 풀꽃, 나뭇가지…, 꽃 아니어도 우리 주변에 인테리어 소재들이 의외로 많다. 신기한 것은 이것들이 모두 아름답다는 것이다. 예술품 그 이상이다. 서로 같은 것이 없고 자세히 들여다보면 무엇인가 영감을 준다.

네모난 건물에 네모난 교실, 네모난 창문과 책상과 칠판과 모니터… 지루한 학교에서 이것들은 재미와 유머와 아이디어를 준다. 자연을 교실 안으로 데리고 들어왔다.

산이나 계곡에 놀러 가면 돌멩이 하나씩을 주워 온다. 집 마당에도 길가에도 돌멩이는 얼마든지 있다. 하나씩 집어 들고 보면 색깔도 다 다르고, 모양도 다 재미있게 생겼다. 그걸 주워 깨끗이 씻어서 서류나 책 페이지를 눌러 두기도 하고 모양에 따라 수저받침으로 사용하기도 한다. 또는 화이트나 하얀 물감으로 이름을 써서 전시 작품의 이름표로 쓰기도 한다. 그냥 장식물로 놓아도 좋다. 하나만 두어도 괜찮고 여러 개를 모아 두어도 괜찮다.

자잘한 조가비는 바다를 상상하게 한다. 투명한 유리 위에 그냥 흩어두기만 해도 모래 위에 밀려와 사그라지는 파도의 포말이 떠오른다. 올해

처럼 나들이도 못 하고 답답하게 지낼 때 집이나 학교 공간을 가꾸는 일은 꼭 필요하다.

조가비 솔방울 돌멩이, 0원 인테리어

등교는 하루 동안의 짧은 여행이다. 학교 공간이 좋은 것, 예쁜 것, 아름다운 것이 가득한 여행지였으면….

솔방울은 대바구니에 소복하게 쌓아 놓으면 된다. 탁자 위에 옮겨 온 가을이다.

나뭇가지도 좋은 재료다. 꽃 아니어도 그대로 아름답다. 가을엔 나무 열매와 물든 단풍 이파리를 그냥 한 아름 가져다 놓아도 좋다.

가을꽃도 단풍도 다 사라지고 나면 윤기 나는 동백 잎이나 사철나무 가지를 꺾어다 유리병이나 유리컵에 툭 하고 꽂아 놓으면 된다. 초록이 주는 힘이 있다. 화려한 빛깔의 꽃들이 다 사라지고 나면 늘 같은 모습으로 자리를 지키고 있던 상록수가 보인다.

친구들만 있어도 즐거운 중학교 시절이지만 그래도 돌멩이 솔방울 그런 걸 교실에서 복도에서 화장실에서 본 날은 조금 더 반짝거리는 날로 기억이 되지 않을까? 그래서 이런저런 사소하고 또 사소한, 소꿉놀이 같은 일들을 해 보는 것이다.

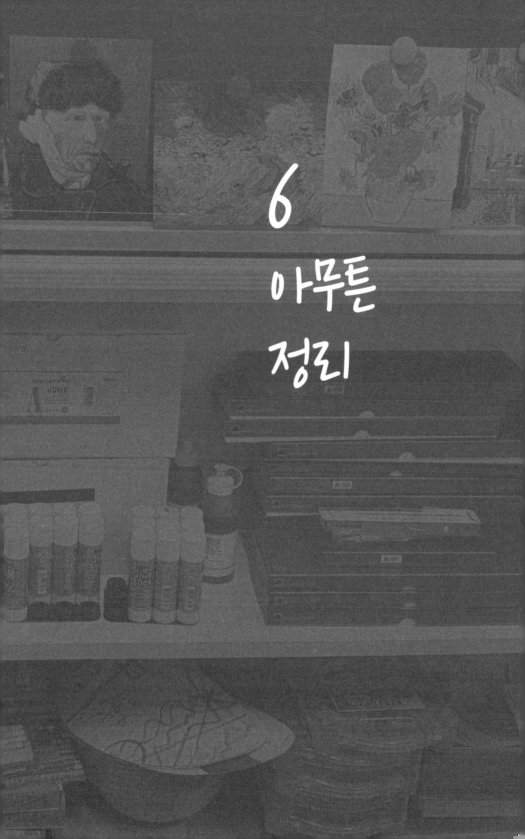

6
아무튼
정리

한동안 인테리어에 관한 책이 많이 발간되고, 방송에서도 집 고쳐 주는 프로그램이 인기를 끌었다. 인터넷 블로그와 카페에서도 감각적인 인테리어 사진과 정보들을 공유하는 사례가 많았다.

이제는 인테리어보다는 버리기와 정리정돈이 사람들의 관심사다. 미니멀 라이프, 집 다이어트, 물건 다이어트를 제재로 제작한 방송 프로그램도 사람들의 관심을 받고 있다. 정리 컨설턴트가 새로운 직종으로 각광을 받고, 물건 버리기에 관한 영상도 인기가 많다. 이는 많은 물건을 소유하고 있으면서 정리정돈을 하지 못하여 어려움을 겪는 사람이 많음을 의미한다.

방송 출연자들이 자신의 공간에서 문제점을 의논한 후 전문가가 함께 공간을 재정리하고 변화된 모습을 확인하는 방식으로 진행하는 프로그램에서 주목할 부분은, 전문가가 정리해 준 자신의 집 공간을 확인하는 순간 출연자들은 예외 없이 놀라고 감탄하고 눈물을 흘린다는 점이다. 공간은 그 사람의 삶의 모든 부분이 담긴 곳이기 때문이 아닐까? 외로움 괴로움 피로와 고단함이 녹아들어 있는 공간, 공간은 삶 그 자체이다.

저장강박증으로 정상적인 삶이 어려운 경우도 많다. 물건이 가득한 집에서 가구 배치와 정리정돈과 청소만으로 새로운 삶을 가능하게 바꿀 수 있다.

공간이 곧 그 사람이다.

청소의 추억

요즘 학교에서 '공간 혁신'이 화두다. '혁신'은 혁명적으로 새롭게 바꾼다는 의미이다. 주로 건물 구조와 디자인에 관한 논의이다.

그러나 학교와 교실에 '혁신'보다 먼저 필요한 것은 청소와 정리정돈과 공간 가꾸기가 아닐까? 모든 학교에 칸칸이 나뉘어 있는 그 많은 교실들이 어떤 모습인지 다시 보자.

대기 중의 미세먼지도 문제지만, 교실 모퉁이와 사물함 뒤편에 쌓여 있는 거대먼지도 심각하다.

과거의 청소

이제는 먼 과거의 전설이 되었지만, 교육청에서 '장학지도'라는 이름으로 장학사들의 방문이 예고되면 학교에서는 며칠 전부터 대대적으로 청소를 했다.

집에 손님이 방문한다면 마당에 물을 뿌리고 빗자루 자국을 내는 것이 우리 조상들의 기본 마음가짐이었다는 것은 안다. 교장은 한결같이 그것을 강조했다. 사실 청소를 할 것이 없었다. 구비된 물품이 없으니 정리할 것도 없었다. 이중창도 아니고 덜컹거리는 창틀 사이로 바람이 들이치는데 복도 바닥 마룻장에 양초를 칠하고 사이다병으로 문질러 윤을 내는 것이 그 시절의 청소였다.

그래서였을 것이다. 내가 청소를 하거나 청소하자고 권하면 아이들은 묻곤 했다.

"선생님, 학교에 손님 와요?"

하지만 지금은 청소가 없어지다시피 되었다. 정해진 청소 시간은 짧고 교사도 아이들도 할 일이 많아 바쁘다. 청소는 용역 업체에서 정기적으로 대청소를 해 주고 있는 실정이다.

버리기 비우기

학교에도 버릴 것은 많다. 오래된 것 중 감흥을 주지 못하는 것, 쓸모도 가치도 없고 아름답지도 않은 것, 고장이 나서 수리할 수 없는 것은 버린다. 바로 버리지 못한다면 창고에 모아 두었다가 행정실의 도움을 받고 절차를 밟아 폐기한다.

특별실에서 교단으로 쓰는 책상 아래 3단 서랍 안이 뒤죽박죽일 경우가 있다.

발길 손길 뜸한 곳에 혹시 이런 서랍이 숨어 있을 수도 있다.
크고 작은 상자와 바구니를 준비해서 정리한다.

연필, 샤프펜슬, 색연필, 볼펜, 플러스 펜, 사인펜, 네임펜, 보드마카 등 필기구와 지우개, 클립, 집게, 풀, 칼, 자, 가위, 포스트잇, 견출지, 스카치테이프 등의 문구, 이 모든 것이 뒤범벅이 되어 있는 상황이다. 상자와 바구니 연필꽂이 등을 이용해서 종류별로 나누어 놓는다면 사용하기에 편할 것이다.

수납장도 모두 열어 다시 정리한다.
마음이 가지런해지는 것은 덤이다.

가장 먼저 해야 할 일은 이면지나 지나간 달력 종이를 뒤집어 놓고 일일이 확인을 해서 매끄럽게 써지지 않는 것은 버리고 남은 물건은 가지런히 한다.

10개들이 달걀 상자나 롤 케이크 받침상자에 문구를 종류별로 나누어 꽂는다. 혹은 다○소에서 칸이 나뉜 다용도 정리함을 이용한다. 3·5·8칸짜리가 다양하게 나와 있다. 정리를 위한 작은 수납용품들이 다양하다.

현관에는 교직원과 내빈을 위한 신발장이 있고, 대부분 학생들의 신발장은 교실 가까이에 있어서 2층이나 3층까지 신발을 벗어 들고 양말을 신은 채 걸어가야 하는 경우가 있다. 하얀 양말을 신어도 더러워지지 않게 아이들의 신발장도 현관에 있어야 한다.

새 학교에 부임해 와서 현관 신발장에 내 과목 이름이 붙어진 칸을 열었는데 전임자의 것인 듯한 신발이 들어 있다. 그런데 전임자는 남자이고 보직을 맡았으므로 다른 칸을 사용했던가 보았다. 그러니 전임자의 전임자 신발인지도 모른다. 다른 칸도 비슷한 상황이었다.

어느 날 점심시간 모든 신발장에 있는 신발을 꺼내 놓고 모두에게 와서 자기 것을 골라 넣도록 했다. 그리고 남은 것은 버린다. 슬리퍼, 운동화, 등산화 등 주인 없는 신발이 한 포대가 나왔다.

신발장 문을 활짝 열어서 햇볕에 말리고 흙모래를 쓸어 낸다. 신발장 위에 덮개를 깔고 화분이나 화병을 올려놓았다. 화병 옆에 신발을 올려놓는 사람은 없을 것이다

가지런히 가지런히

어릴 때 할머니는 잠자기 전에 옷을 바르게 개 놓으라고 가르쳤다. 그래야 좋은 꿈을 꾸고 복이 온다고 하셨다. 복이 무엇인지는 잘 몰랐지만 옷을 가지런히 개 놓으면 기분이 좋았으므로 복은 좋은 것이라 여겨졌다. 낮에 입고 놀던 스웨터와 바지의 옆선을 맞춰서 옷을 접으면 그것만으로 마음이 가지런해졌다.

아침에 일어났을 때는 이불을 가지런히 개고 저녁엔 낮에 입던 옷을 가지런히 개 놓았다. 형제가 많은데 옷이나 물건을 정리하지 않으면 집 안이 엉망이 되었으리라. 서랍장이나 책상 서랍도 한 칸씩 나누어 써야 하니 물건이 섞이지 않아야 서로 다투지도 않고 평화롭게 지낼 수 있었으리라.

교실이나 특별실에 여러 가지 물품들이 많이 구비되어 있다. 보건실, 체육실, 과학실, 음악실, 미술실, 가정실… 각 실의 필요에 따라 갖추고 있는 물품이 얼마나 정돈되어 있는지 볼 일이다. 우선 정리정돈과 청소를 하고 기능적 측면과 담당 교사의 철학이 배어 나오는 꾸미기를 해야 할 것이다.

보통 새로 부임한 학교에서 3월과 4월은 하루하루가 바쁘지만 정리와 청소는 꼭 필요한 일이고 해 놓으면 한동안은 잊고 지낼 수 있다.

음악실에는 북채, 장구채, 꽹과리채, 리코더, 오카리나 등 작은 것들을 분류한다. 사물놀이 옷과 삼색 띠는 세탁을 해서 바로 입을 수 있게 밀봉해 둔다. 배드민턴 라켓, 탁구 라켓 등도 수리해서 분류해 둔다.

품목별, 재질별, 색깔별, 크기별로 사물을 나누어 정리한다.

아이들이 노래 부르며 즐겁게 정리했다.

미술실이 따로 없어 도서실에서 미술 수업을 한다. 종이, 붓, 4B연필, 2B 연필, 지우개, 풀 등 미술용품을 정리했다. 종류별로 나누어 빈 상자와 연필꽂이에 꽂으니 보기도 좋다. 사용 후에는 아이들이 제자리에 넣는다.

교실마다 전자칠판을 설치하면서 교실 전면에 수납장이 생겼다. 모두 문을 열어서 필요 없는 것을 버리고 필요한 것은 같은 종류끼리 모아서 정리했다. 보드마카를 색깔별로 분류해서 작은 상자에 가지런히 두었다.

정리요정의 기쁨! 미술용품도 가지런히, 가지런히

학년 초에 아이들과 실내 곳곳을 정리했다. 우리들 손이 지나간 자리가 변화하는 것을 보고 아이들은 사진을 찍으며 감탄했다. 우리가 온 세상을 정돈하지는 못하지만 '지금 내가 있는 여기'를 조금 가지런히 하는 일은 가능하다. 아이들이 내게 정리요정이라는 별명을 지어 주었다.

"사용 후 제자리에 놓아 주세요. 안 그러면 정리요정이

　힘들어요.^^"

　교무실 냉장고 안을 정리했다. 청소 시간에 아이들이 와서 보고 편의점
이 되었다고 했다. 청소용구와 세제, 인쇄용지 등을 보관하는 창고를 정리
했더니 이번에는 마트가 생겼다고 했다.

창고다운 창고?

십자드라이버를 찾으러 창고에 갔다. 비교적 넓은 실내, 사면에 앵글 선반이 둘러 있고 공구와 도구들이 즐비하다. 어지럽게 즐비하다. 공구는 도서처럼 분류하는 기준이 있는 것도 아니고 크기나 모양이 제각각이고 번호가 매겨진 것도 아니니 정리하기가 쉽지 않을 것이다. 담당 주무관에게 무슨 순서나 원칙이 있느냐고 물으니 그런 건 없다고 한다. 게다가 교무실과 특별실과 교실에서 고장이 났거나 사용하지 않는 물건을 마구 가져다 놓기 때문에 가지런히 정리하기 어렵다고 한다.

하지만 가끔은 아이들이 들어오기도 하고, 학교의 모든 공간은 교육적이어야 하므로 정리가 필요하다. 공구상자에 들어가지 못하는 것들은 플라스틱 바구니와 견고한 종이상자에 정리할 수 있을 것 같았다.

모양과 크기가 다른 여러 가지 못과 나사못, 작고 섬세한 부품들은 플라스틱 다회용 용기에 담으면 좋을 것 같았다. 같은 것끼리 분류하고 크기별로 모아서 그릇이나 상자에 담고 이름표를 달아 주면 될 듯싶어서 날을 잡아 함께 하자고 제안했다.

담당 주무관이 말했다.

"정리 안 해도 어디에 뭐가 있는지 내가 다 압니다. 창고를 누가 정리한

답니까? 창고는 창고다워야 합니다."

마지막 말은 유머라고 덧붙인 것이었다.

창고와 쓰레기 분리수거장을 반짝반짝하고 가지런히 정리하면 학교 공간 가꾸기, 공간 다듬기는 완성이다.

꿀꿀할 때 사물함 정리

"열어 봐도 돼?"

사물함이 자물쇠로 잠겨 있는 건 아니지만 개인 공간이니 내 마음대로 열지 않는다. 손끝이 야무지고 평소 정리를 잘해 놓은 아이는 사물함 문을 먼저 열어서 자랑한다.

2주에 한 번쯤은 다 같이 사물함을 정리한다. 아침 조회시간이나 종례시간, 쉬는 시간에 틈을 낸다. 좋아하는 음악을 들으며 효과적인 정리 방법에 대해서 의논하면서 서로 도와 가며 즐겁게 한다. 정리 컨설턴트가 요즘에 뜨는 직업이라는 얘기도 나오고, 집 다이어트, 물건 다이어트, 미니멀리즘이 요즘 화제라는 얘기도 나온다. 먼저 끝낸 아이가 다른 친구들을 돕는다. 유난히 정리에 서툰 남자아이에게는 "장가가서 부인에게 사랑받으려면 잘해야 한다"는 핀잔이 돌아간다.

물건 정리를 잘하는 아이는 휴대폰 정리도 잘하고, 컴퓨터와 USB의 파일도 체계적으로 잘 정리한다.

평소 정리의 기쁨과 의미, 구체적인 방법을 알려 주는 책도 권하고, 그중 한두 가지는 실행을 해 보게 한다.

상자나 바구니를 이용하는 게 가장 쉽고 효과가 크다. 책은 교과서 노트 참고서 등으로 나누고 학습지 파일은 따로 모은다. 과목별로 하거나, 책 종류별로 하거나, 자신의 취향과 기준에 맡긴다. 책 이외의 문구나 용품은 적당한 크기의 상자에 담는다. 비누 치약 칫솔 컵 등을 바구니에 담는다.

정리를 하다 보면 뜻밖에 잃어버린 물건이니 학습지 인쇄물 등을 찾을 수도 있다. 사물함 안쪽에서 도서실에 오래 반납하지 않은 연체된 책도 나오고 세탁이 필요한 체육복이나 수건 등이 발견되기도 한다. 정리 전과 후를 사진으로 찍어 비교하는 즐거움도 크다. 어쨌든 즐거워야 한다.

집에서 공부방 책상과 서랍 옷장도 정리하고 사진을 보내 오라는 과제를 내기도 한다. 물건 정리와 공부방 정리는 삶을 정리하는 첫걸음이다.

사물함의 상자

단단한 빈 상자를 발견하면 아이들에게 준다. 양치 도구와 개인 컵 등 책이 아닌 물건들은 바구니나 상자에 담아서 정리하면 사용하기 편하고 가지런한 상태를 유지하기 쉽다.

가정방문, 친구 집 프로젝트

새 학년도 3월 중순, 학급 담임은 반 아이들 가정방문을 한다. 아이들은 집에 선생님이 온다는 부담보다는 선생님이나 친구들과 어울려 다른 친구들 집에 가 본다는 기대와 즐거움으로 마냥 들뜬 분위기다. 엄마나 할머니가 내놓은 다과와 철 이른 딸기를 나눠 먹고 캔 음료나 과일주스도 맘껏 마시는 날이다. 마을별로 방향을 나누고 동선에 맞게 순서를 정하는 일도 공부다.

대기는 풀렸지만 아직 꽃샘바람이 차가운 터라 옷은 봄 코트에 머플러가 적당하다. 미리 가정 사정을 알아보고 부모님께 드릴 간단한 인사말과 학교생활을 안내하는 인쇄물도 준비한다. 인쇄물에는 색연필로 꽃을 그려 넣거나 테두리 선을 그려서 수제 느낌이 나도록 꾸민다. 반짝거리는 스티커도 붙인다.

새로 편성된 학급에 올해 처음 만나 서먹한 사이의 아이들이 있다면 가정방문 후 완전히 친한 친구가 된다. 교사에게도 아이들 한 명 한 명이 뚜렷이 보이게 된다. 혹시 부모님이 집에 안 계시더라도 공부방을 본다. 밤에 아이가 어떤 책상에서 숙제를 하고 어떤 공간에서 쉬는지를 아는 것만으로도 가정방문은 의미 있는 행사이다.

마을마다 들판 밭에는 마늘 싹이 푸르고, 마당엔 노란 수선화 몇 그루가 반짝 눈을 뜨고 집을 지키고 있는데 정작 아이들 집 안은 대부분 쓸쓸했다.

난방 보일러에 들어가는 기름을 아끼느라 차가운 방바닥에 전기장판만 깔아 놓아 발이 시리다. 벽과 장은 벌레들이 맘 놓고 드니들 정도로 허술하고 여기저기 오래 묵은 쓰레기들이 치워지지 않아 폐기물 수거 사정이 궁금했다. 주방 싱크대와 개수대는 위생이 걱정되기도 했다.

아무것도 없이 썰렁한 공간에 컴퓨터만 덩그러니 놓여 있는 방, 형광등 방향에 맞게 책상 위치를 바꾸고 서랍을 열어 오래전 시험지와 녹슨 건전지와 잉크가 굳은 볼펜을 골라내 버려 준다. 거울 앞에 걸린 때 묻은 빗은 화장실로 보낸다. 서랍장도 슬쩍 열어 본다. 아이들이 눈에 안 보이게 감춰 놓은 것들을 들춰내 정리하게 한다.

더러 책상이 없는 아이도 있다. 학교 창고에서 여분 책상을 차에 싣고 가져다준다.

간단한 정리와 청소가 끝나면 달걀을 한 판 삶아 새참으로 먹는다. 그래서 가정방문 기간 내내 하루 목표치를 하고 보면 한밤중이 된다. 저녁 시간이면 아이가 어떤 공간에 어떤 모습으로 앉아 뭘 하고 있겠구나 하고 떠올릴 수가 있다.

가정방문에서 집 정리를 못한 경우 주말에 친구들과 모여서 집 청소를 해 주러 간다. 이불을 개고 옷장과 서랍장 정리도 한다. TV 집 정리 프로그램처럼 정리 전후 사진을 찍어서 비교도 해 본다. '친구 집 프로젝트'이다.

할머니와 같이 쓰는 방. 병원에 가신 할머니가 오시기 전에 이불을 다시 개고,
안 입는 옷은 골라서 내 차에 가져다 놓고. (바쁘다 바빠!)

초등학교 때 입었던 작아진 옷과 안 입는 옷을 비우고, 계절별로 분류하여 정리하고 나니
서랍장이 바르게 닫혔다.

7
조금
조심

아이들과 사는 일상은 언제나 조심스럽다,

당연하고 확실해 보이는 일도 조심조심!

지금까지 의심 없이 매일 해 오던 일도

아이의 마음이 되어

아이의 눈으로 보면

문제는 의외로 환하게 보인다.

우리도 한때

마음에 걸림 없고

티 없이 눈 밝은 아이였으므로

전담 부서

지금까지 학교 공간에 관한 관심과 지원이 소홀했던 게 사실이다. 경제 발전을 위한 인재 양성이라는 목표로 지식과 기능 위주의 교육이 시급했기 때문일 것이다. 예산상의 이유도 있고, 우리 사회의 예술문화적 인프라가 두텁게 갖추어져 있지 않았기 때문이기도 할 것이다.

공립학교의 경우 교사의 순환근무제로 단위 학교의 교육과정이 지속적으로 연계되기 어려운 이유도 있다.

이제 공간의 중요성을 인식하고 혁신까지 하고자 움직임이 일고 있으니 다행한 일이다. 학교와 교육지원청에 학교 공간 인테리어를 전담하는 전문 코디네이터를 두자. 학교 구성원들의 관심과 역량을 모으기 위해 협의체를 두자. 그러나 이런 기구 역시 마음이 담기지 않고 제도로만 남는다면 아무런 의미가 없다.

지금까지 여러 분야의 다양한 주제로 연구학교와 지원 사업이 수없이 운영되었음에도 불구하고 그 주제들이 아이들에게 오롯이 스며들지 못하고 화려한 보고회와 잘 쓰인 보고서로 끝나 버린 경우를 많이 보아 왔다. 문제는 서류나 보고서, 시스템으로가 아니라 마음으로 아이들에게 다가가는 일 자체가 목적이 되어야 한다.

일을 하는 사람은 일을 수단이 아닌 목적으로 삼아야 하고, 일을 해 나가는 과정에서 의미와 즐거움을 찾을 수 있어야 한다. 교육과정을 이해하고 그것을 일에 녹여 낼 수 있는 안목과 철학과 미적 감각을 가지고 공간을 다듬는 일을 맡아 할 전담 부서가 필요하다.

아무것도 없음

간소함과 단정함은 언제나 훌륭한 미덕이다. 학교에 아무것도 없는 텅 빈 방, 이름도 쓸모도 정해지지 않은 방이 하나쯤 있는 것도 좋다. '무용(無用)의 용(用).' 공간의 여백은 마음의 여백으로 이어져 자유와 여유를 준다. 다만 자물쇠로 잠긴 공간이 아니라 열려 있고 누군가 관리하는 곳으로 누구나 드나들 수 있는 곳이어야 한다. 명상실이나 상담실, 종교학교의 경우 기도실 등이 해당될 것이다.

하지만 의미 없이 의도 없이 그냥 아무것도 없는 공간은 교육 환경으로 적합하지 않다. 그건 무성의함 이외의 그 무엇도 아니다. 아이들의 활동 공간은 교육과정에 따라 필요한 것이 적절하게 구비되어 풍부한 자극과 영감을 줄 수 있어야 한다. 아이의 공간에 자극을 줄 만한 것이 없으면 아무것도 창조해 낼 수가 없을 것이다.

기본적인 가구로만 채워진 교실, 그림 액자 하나 없는 텅 빈 벽, 아무것도 없이 지루하게 이어지는 긴 복도, 캠페인 문구 스티커가 덕지덕지 붙은 화장실, 예측 가능한 식상한 게시물과 홍보물로 가득한 현관, 무채색에 무표정의 학교 건물, 거기에 현수막에 전광판에 커다란 글자로 강조한다고 해서 인성, 지성, 감성, 창의, 창조가 생겨나는 것은 아니다.

학교 구성원 모두가 자신이 살고 있는 공간을 다시 보고, 공간에 대해 공부하며, '공간 감수성'을 키워야 한다. 집단생활을 하는 직장 공간이야말로 예술적이고 감각적으로 가꾸어야 한다. 학교는 낮 동안 교사와 아이들의 집이다. 교육은 가장 창조적인 작업이기에 최선의 공간에서 이루어져야 한다.

주말을 앞둔 금요일, 페인트 도색업체 직원들이 와서 복도에 있는 물건들을 모두 치웠다. 복도 벽면에 페인트를 새로 칠하기 위해서였다. 그동안 벽에 방수가 되지 않아 빗물이 스며 습기가 차서, 걸어 둔 그림에 곰팡이가 생기고, 얼룩이 지곤 했다.

탁자와 조화 꽃병과 수납장 등을 모두 치우고 나니 텅 빈 복도가 되었다. 아무것도 가져다 놓지 않은 처음의 모습을 떠올리며 도서실로 들어갔다. 방과후 미술반을 하는 아이들이 스케치북에서 눈을 떼지 않고 그림을 그리면서 나에게 말했다.

복도 벽면에 페인트를 칠하기 위해
그동안 놓아두었던 모든 물건을
임시로 치웠다.

은이 선생님, 물건의 중요성을 알았어요?

나   무슨 물건?

숙이 복도에 아무것도 없잖아요. 정신병원 같아요. 이런 곳에 오래 있으면 정신병에 걸릴 것 같아요.

현이 네, 폐교 같아요.

너무 많음

정해진 교실에서 하루 종일 거의 모든 수업을 하는 초등학교에서 교실 환경은 더욱 중요하다. 1년 수업일수 190일 동안, 하루 6시간씩이라면 1,140시간을 같은 공간에서 지내는 셈이다. 교실은 깨어 있는 시간의 절반 정도를 보내는 제2의 집이다. 낮 시간 동안 집 삼아 지내며, 매일 바라보는 교실 벽면과 게시물들은 아이들의 인성 지성 감성에 돌이킬 수 없는 큰 영향을 준다.

먼저 그림, 비주얼 싱킹, 공작물 등 수업 결과물을 전시하는 경우 모든 아이들의 작품을 보여 주는 것이 당연하다. 하지만 종횡으로 반듯하게 간격을 맞추어 게시판에 가득 붙인다면 구성력이나 미의식을 배울 수 없다. 아이들 그림을 여백 없이 자로 잰 듯이 반듯하게 게시한다면 숨 막힐 듯 답답할 것이다. 모으기와 간격 두기, 가로세로 배열하기 등으로 변화를 줄 수 있다. 여백도 필요하다. 자유스러움과 황금비를 고려한다,

교실 기둥에 액자 달력 거울 등을 걸 때 기둥의 폭보다 넓은 것은 피한다. 시선보다 너무 높게 게시하는 것도 피한다.

게시판에 가득한 똑같은 게시물

24명 아이들이 사는 초등학교 6학년 교실에 이런 여유 공간이 가능하다.

고정불변-영원불변

아름답고 의미 있는 것일지라도 오랫동안 같은 위치에 놓여 있으면 구성원들의 시선과 감각은 둔감해진다. 우리는 감성적이고 감각적이고 생기발랄한 인간을 키우고자 한다. 주기별로 새롭게 바꾸어 변화를 주는 것이야말로 환경 조성에 꼭 필요한 일이다.

한 학교에 근무하다 발령이 나서 다른 학교를 두세 곳 돌다가 예전에 근무하던 학교에 다시 부임하는 경우가 있다. 10년이나 15년 만에 왔는데 게시물과 조형물, 가구의 배치 등이 그대로인 경우가 없지 않다. 오래전 졸업생의 작품이 이름도 바뀌지 않은 채 그대로 걸려 있기도 한다. 고장이 나서 더 이상 사용하지 않는 고가의 비품이 그대로 자리를 차지하고 있는 경우도 있다.

내 경우 예전에 근무하던 학교로 다시 부임해서 갔는데, 교실 교탁 안에서 내가 과거에 쓴 교과 지도안이 먼지를 뒤집어쓴 채 들어 있었다. 17년 만이었다. 17년간 다섯 학교를 이동해 다니는 동안 내 지도안 파일이 그곳에 줄곧 놓여 있었다고 생각하면 기분이 이상해진다. 지금은 기념품으로 보관하고 있다.

음악실에는 그 학교를 떠난 지 10년 이상 된 음악 선생님의 지도안과 물건들이 있었다.

수납장 안에는 수년 전 서류들이 그대로 들어 있고 환경정리용으로 붙인 패널과 액자도 몇 년씩 붙어 있는 경우가 많다.

교장실 출입문 옆에 '불량폭력배 단속 신고소'라고 쓰인 판이 붙어 있었다. 교장 선생님께 신고하면 어떤 조치를 취할 수 있는가? 언제 붙인 것일까?

2층 복도 화장실 옆에는 '가출 청소년을 도와줍니다'가 있었다. 언제 누가 붙인 것일까? 서울역 대합실이나 화장실에 붙어 있어야 하지 않을까? 문화관광부에서 알리는 문구다. 문화관광부는 1998년 2월에 설립되었고 2008년 2월에 문화체육관광부로 변경되었다. 지금은 2020년이다. 말끔하게 떼어 낼 자신이 없어서 그 위에 시와 그림으로 덮어 버렸다.

교장실이 경찰서? '00', 학교 안에서 이 단어는
아주 사라지게 하고 싶다.

학교에 이런 알림 문구가?
문화관광부에서 붙인 것으로,
이 전화번호는 2005년에 청소년 전화 1388로
통합되었다. 오랜 세월이 지나 떼어지지 않아 위에
그림과 시를 덮어서 가려 두었다.

화장실에는 온갖 종류의 알림 스티커가 붙어 있다.

금연 절전 절수 손 씻기, 남녀 알림도 몇 개씩 붙어 있다. 해마다 어디선가 보내오는 것들을 모두 붙여 놓은 모양이다.

화장실 두 칸에서 떼어 낸 스티커가 이만큼이다.

불필요한 것을 떼어 낸 것이 이만큼이다.

글자와 표

환경을 꾸미거나, 무엇인가를 알릴 때는 의도가 분명하고 의미를 환기할 수 있는 그림이나 이미지를 사용한다. 글자는 최소한으로 줄인다. 문구를 써야만 할 때는 비유와 상징으로 돌려 말하기를 한다. 비유 없이 직설로 말한 문구는 보는 이의 마음에 울림을 주기 어렵고 바라는 효과를 거두지 못한다. 환경공해 요소에 지나지 않는다.

인격의 성장을 돕고 감성을 북돋우는 교육의 목적을 위해 말하고자 하는 내용을 글자나 숫자가 아니라 고품격의 언어와 고도의 응축된 비유로 표현한다.

'소득증대, 근검절약, 불조심, 반공' 등 온갖 표어와 구호가 사라지고 이제 다른 것이 이를 대신하고 있다.

실외에는 이런 것들이 있다.

'1교 1덕목: 인사를 잘합시다. 학교폭력을 예방합시다. 자살을 예방합시다.'

학교에서 흔히 볼 수 있는 문구들이다. 주로 현수막과 글판에 큰 글씨로 쓰여 있다.

보는 이나 아이들의 심정을 배려하지 않는 문구, 오히려 학교폭력과 자살을 환기하는 폭력적인 문구다. 현수막의 목적은 이러이러한 행사를 하고 있다는 것을 외부에 알리는 것이다. 행사는 본질적으로 교육이 아니다. 요즘에는 손쉽게 현수막을 제작하여 게시한다. 커다란 현수막에 다양한 무늬와 색을 넣어 산뜻하게 디자인하고 인쇄하여 바람에 펄럭이도록 높이 걸어 놓는다. 학교마다 기관마다 알릴 것이 많은지 현수막이 난무하는 세상이다.

1교 1덕목, 이보다 더 좋은 덕목은?

'금지' 강요보다 스스로 사유하여 판단하고 마음에 새기도록 해야 하지 않을까?

꽃과 나무로 충분한 교정, 단순한 홍보나 계몽을 위한 문구는 마음에 울림을 주지 못한다. 비유 없는 단순 알림 문구는 보는 이의 사고를 제한하고 행동을 위축시킨다. 부득이 문구나 현수막을 내걸어야 할 때에는 비유와 상징을 써야 한다. 혹은 이미지로 보여 주어야 한다. 문자로 내용을 직접 전달하는 홍보 문구는 최소한으로 한시적으로 사용한다. 주변에 이런 홍보 문구가 많아지면 사람들은 환경에 둔감해진다. 게시물과 환경을 이루는 요소에 더 이상 시선을 두지 않게 된다.

교실 안은 어떠한가?

어느 교실 앞면에 '미덕의 보석들'이라는 2절지 크기 인쇄물이 게시되어 있는 것을 보았다. '감사, 배려, 유연성, 창의성, 이상 품기, 사랑…' 가로로 4개, 세로로 13개, 모두 52개의 단어를 컬러로 인쇄했다. 모두 이상적이고 훌륭한 단어들이다.

하지만 이 게시물을 보았을 때 "도를 도라고 말하면 더 이상 도가 아니다"라는 노자의 도덕경 구절이 떠올랐다. 이런 단어들을 교실에 걸어 놓으면 이런 덕목들이 생겨나는가? 비유 없이 상징 없이 글자와 단어로 강요하는 미덕, 유연하지 않고 창의적이지 않고 이상적이지 않은 방법이다. 이미지 카드를 주로 사용하고 이 낱말 카드를 보조 자료로 사용한다면 괜찮겠지만, 글자 카드는 게시물로 적절한지 사유가 필요한 것 같다.

내 마음 안에서 나와, 칠판에 걸린 보석 같은 미덕들

‘감정 카드’라는 것이 있다. 역시 글자 카드인데 ‘그립다, 반갑다, 고맙다…’ 등 긍정적인 감정을 적은 것도 있지만, ‘짜증 난다, 우울하다, 귀찮다, 지루하다…’ 등 부정적인 감정을 적은 것도 있다. 이 단어 카드를 교실 앞면 칠판에 가지런히 붙여 놓은 것을 보았다. '왜 내 마음속에 있어야 할 것들이 다 저기에 붙어 있을까?' 나의 기분이나 감정을 정확히 알고 적절하게 감정을 표현하고 때에 따라서는 절제하도록 지도하려는 목적으로 활용하는 자료이겠지만 이미지 카드나 표정 카드가 아니라 글자 카드라는 점이 아쉬운 것이다. 이 글자로 된 감정 카드를 한 학기 또는 1년 동안 교실 앞면에 붙여 두고 매일 보게 한다면 아이의 마음밭은 어떻게 될까?

필독 도서 목록도 네모반듯한 표로 만들어 붙여 놓는 순간 아이에게서 책은 저만큼 멀어지고 말 것이다.

네모난 낱말 카드에 적혀 칠판에 반듯하게 붙은 (나의) 감정들

성과나 결과를 표시하기 위해 숫자로 된 게시물을 만들 경우도 경계해야 한다. 교육과정에서 결과를 수량화하거나 도식화할 때 우리가 붙잡지 못하고 놓치고 마는 부분이 있음을 간과하지 않아야 한다.

금지하는 규칙들을 알리는 여러 가지 문구들도 다시 생각해 볼 필요가 있다. 금지하는 알림 문구를 눈에 띄게 만들어서 변하지 않게 비닐로 코팅 처리를 해서 곳곳에 붙이는 일은 학급을 관리한다는 관점에서는 수월한 일이다. 하지만 아이들이 스스로 판단하여 나와 우리에게 필요한 예절을 지키고 자율적으로 판단하여 행동하는 과정을 배우지 못할까 걱정이다.

8

어쩌다
발견한~~

다른 학교 홈페이지에 들어가 공개된 사진 앨범을 구경한다.

아이의 눈으로, 아이의 마음으로 찬찬히 들여다보면 뜻밖에 많은 것이 보인다.

우리가 어릴 때 당연하게 봐 오던 것일지라도

아이들에게는 더 아름다운 것, 더 좋은 것을 주고 싶다.

공간은 아이의 뇌리에 각인되어 영원히 사라지지 않고 내면화하여

일생을 살아갈 힘이 되고 정서가 되고 마음이 될 것이기 때문이다.

그들의 마음밭을 비옥하고 촉촉한 옥토로 만들어

튼실한 씨앗들을 많이 많이 심어 주고 싶다.

역대 교장 선생님 사진

'녹색 부직포 바탕의 학교 현황 게시판, 금동 트로피가 들어 있는 유리 진열장, 몸통이 잘록한 난 화분.'

학교 현관의 3대 필수 아이템이다.

인터넷으로 학교 홈페이지 몇 곳에 들어가 현관 리모델링 사례를 구경하다가 중앙현관에 역대 교장 선생님들의 사진을 빈틈없이 나란히 걸어놓은 경우를 보았다. 이 사진들이 학교의 주인인 아이들에게 어떤 울림을 줄 것인가? 사진만으로는 자세한 사정을 모르니 단정 짓기는 어렵지만 어른 중심의 사고에서 벗어나 아이들 눈높이에 맞추어 공간을 만들어 가려는 노력이 필요한 것 같다.

학교의 주인공인 아이들과 소통할, 아이들이 기쁘게 바라볼 공간인가?
소통 나눔 기쁨을 글자로 써야 할까?

어려운 일?

학교 실내 벽에는 많은 것들이 붙어 있다. 그중 전등 스위치와 콘센트는 대부분 네모난 모양으로 출입문 옆이나 기둥에 있다. 그런데 비뚤게 붙어진 것이 많다. 얼핏 보기에도 바로잡고 싶을 정도로 비뚤어진 것들이 많다. 콘센트 하나 반듯하게 붙이는 것이 그렇게 어려운 일일까? 무에 그리 바빴을까?

금지 문구도 한 번 더 생각해서 마음에 와닿게 만들 수 있을 텐데… 아쉬움이 남는다.

반듯하게 고치고 싶은…

절전, 절수, 금연 등 알림 문구 스티커들도 마찬가지다. 강력 접착제로 붙여서 떼어 내기도 어렵다. 수평계라는 기구도 있는데, 스위치나 스티커, 액자, 거울, 달력을 붙일 때는 반듯하게 붙이면 좋겠다.

매사에 진중하고 정성을 다하던 우리가 아닌가? 약재나 차를 만들 때 구증구포하고, 큰 건축물에 배흘림기둥을 만들어 세우던, 눈썰미와 미감이 뛰어난 민족이 아닌가?

콘센트 케이스를 반듯하게 바로잡고, 먼지를 닦고, 그 옆에 아이들이 좋아하는 캐릭터나 꽃 스티커를 붙이고, 시구나 경구도 한 줄 적어 붙이고, '밤에만' 또는 '어두운 저녁에 켜시오'라고 써 놓았다면 아이들은 혹시 낮에 전등이 켜져 있더라도 지나다가 되돌아와 스위치를 끌 것이다.

달력 다시 보기

달력은 날짜를 알려 주는 기능 외에 새날에 대한 기대감과 계절감을 줘야 할 것이다. 하루에 열 번씩은 보게 되는 달력이다. 오늘과 내일의 일과를 설계하고 좋은 일을 기다리며 보게 되는 달력, 미적인 감흥을 준다면 더 좋을 것이다.

교실 앞면 게시판에 커다란 달력이 붙어 있는데 제작처 상호가 굵은 글씨로 인쇄되어 있고, 아이들에게는 필요 없는 음력까지 나와 있어 교실 게시용으로 적절한지 생각해 보았다. 다른 달력은 없었는지 아쉽다. 게시 위치도, 자칫 아이들의 수업 집중도를 떨어뜨릴 수 있으니 앞면보다는 옆면에 거는 게 낫지 않을까 생각해 본다.

상처 입은 게시판에 붕대를

아끼는 후배가 수업 나눔을 하게 되어, 얼굴도 보고 학교 구경도 할 겸 찾아갔다. 일과 시간에 학교를 벗어나 11월의 빈 들녘을 바라보며 호젓이 짧은 여행을 다녀오자 하는 속셈도 있었다.

읍 소재 중학교인데, 계절 탓인지 운동장과 주차장부터 스산했다. 외부 손님들에게 보이기 위해 그 어떤 임시적인 조치도 하지 않고 평소 모습대로 공개한 점은 바람직했으나, 현관 복도 교실 등 실내 공간도 어수선한 느낌은 어쩔 수 없었다.

교실에 있는 것은 책걸상 30조와 사물함 30개, 천장 모퉁이에 달린 모니터와 태극기와 칠판과 시계가 다였다. 사면을 둘러봐도 벽에 걸려 있을 법한 달력이나 거울, 액자 등이 하나도 없었다.

뒷면 사물함 위에는 아이들이 벗어 놓은 검정 패딩들이 길게 누워 있었다. 옷걸이와 행거가 없었다. 학생 수가 많기는 하지만 행거 하나 세워 둘 공간은 있어 보였다. 그런데 아무것도 없었다.

녹색 게시판에는 아무것도 붙어 있지 않았고 30㎝ 정도 되는 칼자국이 길게 나 있었다. 아이들이 좋아하는 아이돌 사진이나 만화 캐릭터 그림도 없고 흔한 풍경 사진도 한 장 없었다. 그 칼자국이 아이들 마음에 난 상처

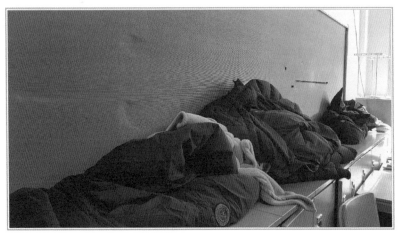
사물함에 누워 있는 겨울 패딩 점퍼들. 상처 난 게시판은 상처 입은 아이들 마음

처럼 보였다.

　벽면에는 사람 키보다 높은 곳에 운동화 신발 자국이 찍혀 있었다.

　수업은 '회복적 탄력 서클'을 적용한 방식이었다. 수업은 훌륭했으나 나는 어쩐지 좀 쓸쓸했다. 꽃도 나무도 없는 황무지, 돌멩이 외에는 아무것도 없는 허허벌판에 모여 앉아 있는 느낌이었다.

　수업을 보면서 상상해 보았다.

　먼저 벽에 신발 자국을 걸레로 닦아 내고, 밝고 따스한 빛깔의 명화를 건다. 명화나 일러스트가 그려진 달력과 밝은 원목 테가 있는 거울을 건다. 시계는 좀 귀여운 디자인으로 골라야겠다. 그림은 칼 라르손과 호아킨 소로야가 좋겠다. 달력과 거울과 시계를 건다. 게시판 상처에는 하얀 붕대와 반창고를 붙여 줄까?

　게시판의 상처가 어쩌면 아이들 마음의 상처는 아닐까 생각해 보았다. 게시판 전체에 연한 색 전지나 광목을 덮어도 괜찮을 것 같았다. 그리고 엽서와 아이들이 그린 그림과 일러스트를 잘라 붙인다. 가을에 관한 시도 한 편 적어서 붙이고, 패딩 점퍼는 옷걸이를 넣어서 행거에 나란히 건다. 사물함 위에는 하얀 덮개를 깔고 그 위에 다육이 화분을 좀 놓고 캐릭터 인형과 소품을 둔다. 모든 아이들의 사물함을 열어 책과 물건을 모두 꺼내어 다시 정리하는 것이다.

학생 수가 많아 공간이 넉넉지 않으니 주로 벽면을 이용해야 할 것이다. 창문에 커튼도 새로 하면 좋겠다.

주거 환경은 그 집에 사는 이의 인생을 바꾸고, 교실 환경은 아이들의 인성을 바꾼다.

우리는 날마다 그렇게 열심히 일을 하는데, 정작 무슨 일을 하고 있는 것일까? 수업만 마치면 바로 교무실 의자에 앉아 업무포털 나이스에 들어가 작은 네모 칸에 깨알같이 글자와 숫자를 입력하고, 클릭을 하고, 공문을 읽고, 보고를 하고, 100시간 이상씩 원격연수를 받으며 미래교육역량을 키우는데, 정작 우리 앞의 아이들은 집에서도 학교에서도 외롭고 마음에 깊이 파인 상처를 후드 티와 검고 두꺼운 롱 패딩 안에 감추고 목을 꺾어 휴대폰 액정을 들여다보고 있다.

탁자 위 귤과 바나나

학교 홈페이지에 들어가서 공개된 사진을 구경한다. 학부모 대상 공개 수업과 학교 설명회인데 바나나 하나씩을 탁자 위에 놓아두었다. 값비싼 다과가 아닐지라도 접시에 담아 정성껏 대접하는 마음이 아쉽다.

아이들에게도 간식을 내놓을 경우가 많다. 학생회 회의를 열 때도 음료수나 간식을 내놓는다.

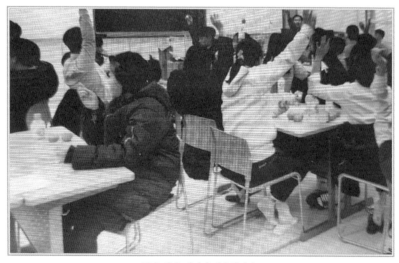

귤을 담을 접시가 필요합니다.

덮개 없는 탁자에 테이블 매트 없이, 쟁반도 접시도 없이 바로 귤이나 바나나 음료 캔을 나눠 준다. 귤과 바나나는 껍질을 까서 바로 먹기 좋은 과일이지만, 쟁반이나 접시를 갖추어 내놓으면 좋겠다. 아이들과 함께 차리면 금방 할 수 있을 것이다. 그릇에 음식을 담아서 먹는 것을 학교에서 배우지 않으면 어디서 배우셌는가.

아이스크림을 나눠 줄 경우, 검정 비닐봉지에 아이스크림을 담아 들고 가서 선 채로 주고, 아이들은 손에 들고 선 채로 돌아다니면서 먹고, 쓰레기를 주변에 던지듯이 버리는 모습을 보았다.

아이스크림에는 아이스크림 이상의 의미가, 귤에는 귤 이상의 의미가 있다. 쟁반에 담아서, 가능하면 개인 접시에 담아서 차리고 구성원이 다 모였을 때 필요한 의례를 간단히 하고 먹는다. 아이들은 그대로 배운다.

의자와 방석

의자에 앉아야 집중하여 경청할 수 있습니다. 바닥에서는 방석이 필요합니다.

역시 어느 학교 홈페이지에서 본 사진이다. '학생 인권과 교권'이라는 제목
으로 특강을 하고 있다. 강사는 단 위에서 서서 강의를 하고, 아이들은 바
닥에 앉아 있다. 의자도 방석도 없이 바닥에 실내화를 신은 채로 앉아 있
다. 움직임이 많은 활동이라도 했을까?

그런데 벽 쪽에 빈 의자들이 놓여 있다. 팔걸이가 있고 방석과 등받이가
검은 레자로 번쩍이는 고급스러운 의자들이 줄지어 놓여 있다. 강의 제목
과 빈 의자를 번갈아 보게 된다.

우리 학교는 작은 학교라서 항상 테이블과 의자를 준비하여 강의를 듣지만, 혹시 바닥에서 활동을 할 경우를 대비해 원형 방석을 사 두었다. 방과후 사물놀이 수업을 하고 나면 아이들이 색깔을 맞추어 이렇게 정돈한다. 필요하면 두 개씩 앉고 교재도 놓을 수 있도록 넉넉히 준비해 두었다. 대접을 받아야 자신이 귀한 줄을 알고, 남을 귀하게 대접할 줄도 안다.

아이들은 정리를 좋아한다.
색깔별로 정리한 방석

그 많은 행사 현수막은 다 어디로 가는가?

학교에는 미리 막아야 하는 '예방 교육'이 많다.

'학교폭력~, 사이버폭력~, 자살~, 흡연~, 성폭력~. 아동학대~.'

모두 사전에 교육을 해서 미리 막아야 할 것들이다. 그러나 정작 이 모든 걸 예방하기 위해, 커다랗게 걸어 놓은 현수막들은 아이들의 뇌리에 이 개념과 부정적인 면들을 깊이 인지시키고 각인시키는 건 아닐까? 시, 소설, 음악, 미술, 연극, 영화, 운동. 우리가 즐겁고 의미 있는 활동들을 지속적으로 할 수 있도록 조건을 만들면 이러한 예방 교육은 필요 없을 것이라는 낭만적인 상상을 해 본다.

강의를 듣는 것으로 부족해 '학교폭력추방'으로 6행시를 짓고 현수막을 맞들고 기념촬영을 한다. 왜 4행시는 '친구 사랑' '우정 만세' 6행시는 '친구야 사랑해' '나는 너, 너는 나' 등으로 하지 않을까?

'자살 예방 교육'이라는 현수막을 걸고 강의를 하고 강의가 끝나면 현수막을 붙들고 기념사진을 찍는다. 왜 '생명 사랑', '생명 존중', '소중한 생명', '괜찮아, 너는 잘하고 있어'라고 현수막을 만들지 않을까?

비유도 상징도 없이, 감동도 울림도 없이, 제목만 크게 적은 현수막은 행사와 사업의 결과를 사진으로 남기기 위한 것 외에 아무것도 아니다. 교육은 행사가 아니다. 고요히 가만가만 마음으로 이루어지는 교육에 현수막은 과연 필요한가?

도서실에서 행사를 하게 되면 화이트보드에 아이들 손으로 주제에 맞게 꾸미게 한다. 저자 초청 특강 알림판이다. 미리 저자의 책을 서너 권을 읽었기 때문에 내용을 풍부하게 그릴 수 있었다. 서로 협동하여 즐겁게 그렸다. 강의가 끝나고도 지우기가 아까워서 며칠간 그대로 두었다.

아이들이 그렸어요, 현수막 대신 '저자 초청 특강' 안내

올해 입학식을 위해 현수막 문구를 궁리했다. 신입생은 일곱 명, 입학식에 오는 사람은 재학생과 신입생 부모님들까지 스무 명이 채 안 되지만 사람들의 마음에 가닿을 멋진 표현이 없을까 고민했다. 현수막을 좋아하지 않지만, 꼭 만들어야 한다면 세상에 하나뿐인 특별한 것으로 만들어, 보는 사람에게 감동과 떨림을 주어야 한다. 문구를 재학생들에게 공모해 볼까 했지만 여유가 없었다.

입학식이라는 단어를 쓰지 않으면서 '입학식'이라는 걸 알리고, 축하라는 말을 쓰지 않고 '축하'해야 한다. 어디서나 볼 수 있는 것이면 안 되고, 작년 것과도 달라야 하고, 다른 학교와도 달라야 한다. 학교 앞을 오가는 면민들이 보고 잠시 멈춰 서서 미소 짓게 만들어야 한다. 그래서,

"낭만중학생, 오늘부터 1일!"

현수막, 꼭 걸어야 한다면…

낭만적인 색깔과 낭만적인 글자체로 만들어 달라고 주문하였는데, 코로나19로 입학식은 연기되고 현수막은 소용이 없게 되었다. 1일 대신 가끔 날짜를 셈해서 "낭만중학생 오늘까지 ○일"이라고 붙여 주려고 했다. 그래서 1학년 교실이나 복도에 붙여 놓고 일 년 내내 사용하려고 했다. 내년에는 그걸 사용할 수 있을까? 현수막도 학교 공간을 이루는 중요한 요소 중하나이다.

도서실에서 열리는 행사에 걸리는 현수막을 보면서 항상 아쉬웠다. 현수막에 비유 없이 직설어법으로 부정적으로 쓴 표현을 친구 사랑, 생명 존중, 아동은 꽃봉오리 등 다정한 언어로 바꾸어 본다. 우리가 사용하는 언어도 공간을 이루는 중요한 요소 중 하나이다.

9
교실
너머
교실

교육은, 수업은 예술

교사는 예술가

예술의 본질은 의외성과 아름다움

영원히 우리를 감동하게 하는 것은

자연과 사람

자연이 주는 경이와

모든 인간이 가진 아름다움, 하여

온 세상은 경계 없는 교실

수업 중 전화 연결, 이해인 수녀님

벌써 5년 전 일이 되었다. 1학년 수업시간, 이해인 수녀님 시 「듣게 하소서」를 공부하다가 문득, 아이들에게 물었다.

"얘들아, 우리 이해인 수녀님께 전화해 볼까?"

아이들 눈이 동그래진다.

"정말요?"

"전화번호 알아요?"

"어떻게 알아요?"

사실은 전날 미리 전화 드려서 약속을 해 놓았었다.

교실에서 수업시간에 깜짝 놀랄 무슨 일이 일어나는 것도 괜찮지 않은가? 그리하여 즉석 '시인과의 대화'가 이루어졌다. 열 명의 아이들이 둥그렇게 모여 숨을 죽이며 내 전화기를 들여다보고 있다. 스피커폰을 켜 놓고 신호음을 들으며 수녀님 목소리를 기다린다(그런데 왜 영상통화를 안 했을까? 아, 수녀님이 전화기를 잘 못 다루신다고 하신 것도 같다).

"네, 선생님!"

몇 번의 신호음이 가고 이윽고 맑고 밝은 수녀님 음성이 들린다. 아이들이 차례대로 미리 준비한 질문을 했다.

이런 수업, 스피커폰으로 부산에 계신 이해인 시인과 대화하는 국어 시간

수이 수녀님, 안녕하세요? 저희는 강정희 선생님 제자들인데요, 책 제목과 시에 꽃이 많이

나오는데 꽃을 좋아하셔요?

수녀님 좋아해요. 여기 수녀원에 꽃이 많고, 꽃삽으로 꽃밭을 다듬기도 하고 그래요.

소이 몇 살 때 수녀님이 되셨어요?

수녀님 고등학교 졸업하고 수녀원에 들어왔으니, 벌써 50년이 다 되었네.

진이 수녀님, 무슨 음식을 좋아하셔요?

수녀님 국수를 좋아해요.

문이 수녀님 쓰신 책 중 어떤 책을 가장 좋아하셔요?

수녀님 여러 권 있지만 아무래도 첫 시집 『민들레의 영토』에 가장 애정이 가요. 사랑도 많

이 받았고.

현이 수녀님 책을 읽고, 저도 작가가 되려는 꿈을 가지게 되었어요.

수녀님　오, 그래요? 일기를 열심히 써요. 그러면 작가가 될 거예요.

세이　수녀님, 시 한 편 낭송해 주실 수 있어요?

"수녀님 어디에서 사서요?"

"개인적으로 편지 보내도 돼요?"

"시를 쓰실 때 주로 어디에서 쓰세요?"

아이들 질문에 시종 유쾌하게 진심으로 답해 주시던 수녀님은 바로 시 「나를 키우는 말」 낭송을 해 주시고, 7월 말에 광주에 놀러 오신다고 꼭 만나자고 하셨다.

그래서 광주 구 도청 앞 명소 '베토벤 음악실'에서 우리는 정말로 만났다. 수녀님은 산타할머니처럼 가방에서 여러 가지 선물을 꺼내어 사인을 해서 나눠 주셨다. 말 속에 마음이 담기는 것이니 예쁜 말을 하며 훌륭하게 자라라고 덕담도 해 주셨다.

마침 광주일보 김미은 기자님이 오셔서 우리 사연을 자세히 써서 신문에 실어 주셨다.

광주에 오신 이해인 수녀님을 만나다.
신문에도 나오고.

통화 녹음한 파일을 다시 들어 보니 질문 내용이 심도 있고 태도도 의젓하다. 이제 고3이 된 녀석들, 대학과 진로 고민으로 한창 힘들 때다.

"얘들아, 안녕? 벌써 5년이 지났구나. 그사이에 여러 가지 일이 많았지? 차마 말로 하기 어려운 슬픈 일도 있었고. 역시 시간은 그냥 지나가는 게 아닌 것 같다. 우리 이제 그날 그 수업시간처럼 그 교실에 그 모습으로 다시 모일 수는 없겠지? 어디서든 강하고 아름답게 살아가렴. 내 열 손가락 같은 아이들아."

광주의 유서 깊은 명소 '베토벤 음악실'도 멋진 교실이고 그날 오후 답사했던 알라딘 중고서점과 궁동 예술의 거리도 넓은 교실이었다. 예술의 거리에서 모둠별로 했던 스탬프 투어도 의미 있었다. 그냥 겉모습만 보고 지나치면 아무것도 알 수가 없다. 들어가서 말을 걸고 귀 기울여 사연을 듣고 마음으로 느낄 때 공간은 나에게 배움을 준다. 교실이 된다.

수녀님 감사합니다. 한결같은 모습으로 베토벤 음악실을 꾸려 나가는 이정옥 주인장님도 감사합니다.

강둑길 시 낭송

체육 시간에 가끔 자전거로 달리는 둑길, 국어 시간에 못 가리? 갈 수 있다.

국어 과목이 넘볼 수 없는 최강의 라이벌은 체육, 특히 남자아이들에게 체육은 신성불가침의 과목이다. 어떤 아이는 국어 수업을 체육처럼 해 달라는 부탁~ 요구를 하기도 한다.

오늘 한번 해 보자. 윤동주 시 「새로운 길」을 낭독하며 둑길 끝까지 걸어갔다가 돌아오는 것이다. 그럼 한 편을 암송하게 되지 않을까? 그럼 돌아올 때는 달리면서 외우면서 오도록 해야겠다. 그럼 건달(체육 시간에 하는 건강 달리기)도 하는 셈이 되고. 하지만 그냥 외우기만 하는 건 좀 지루하겠다.

그럼 둘이씩 짝 지어 걸으며, 이렇게 하자.

- 둘이 소리를 맞춰서 합창하기
- 1연씩 주고받으며 낭송
- 슬픈 목소리와 희망찬 목소리로 낭송
- 닭살 돋는 버전으로
- 화난 목소리로
- 큰 목소리로 웅변하듯이
- 아기 목소리로 귀엽게

- 할머니 목소리로
- 좋아하는 애니메이션 캐릭터 모방해서
- 즉흥 '시 오페라'로 노래로 만들어 부르기

두 팀으로 나눠 양쪽 둑으로 헤어져서 둘씩 간격을 두고 출발한다. 끝이 없는 둑길 위에서 마음껏 외어 보는 「새로운 길」이다.

　"민들레가 피고 까치가 날고
　　아가씨가 지나고 바람이 일고"

가다 말고 돌아서서 아이들이 소리친다.

"선생님 진짜 까치가 저희를 따라와요."

하하, 우리 동네는 까치마을이다. 산들바람이 아이들의 목소리를 싣고 불어간다. 동주 시인의 시를 싣고 "내를 건너서 숲으로, 고개를 넘어서 마을로" 멀리멀리 불어간다. "까치가 날고 바람이 이는" 강둑길 교실이다.

아이들은 장차 어떤 길을 걷게 될까? 그 길에는 꽃이 있고 새가 동무해 주고 시원한 바람이 불고 좋은 동행이 있기를, 아무 일도 없을 수는 없지만, 부디 조금만 애쓰면 이겨 낼 만한 일만 있기를, 그 일로 해서 조금 더 단단하고 의연해지기를, 아주 넘어지고 쓰러지는 일은 절대 생기지 않기를 소원해 본다. 그리고 그 길이 언제나 새로운 길이기를.

모든 길은 교실이다. 사람들은 길에서 배운다.

누각에서 시조놀이

교문 바로 안쪽에 정자가 하나 있다. 하교 시간 부모님 차를 기다리며 책을 읽거나 비를 피하는 곳이다. 학교 밖으로 나가면 마을마다 어귀에 정자가 있다. 정자에서 수업을 한다면….

낮은 지붕들이 정겹게 이마를 맞대고 모여 앉은 마을마다 우람한 당산나무를 거느린 정자가 있다. 여름날 해 질 녘이면 흰옷을 입은 노인들이 부채를 들고 학처럼 모여 앉아 정담을 나누며 들판의 모색을 바라본다. 평생을 이웃으로 살아왔으니 대화 없이 묵묵히 있어도 서로의 마음을 다 아는 사이, 한낮에도 기둥에 기대어 졸음을 청하거나, 목침을 베고 아주 와선에 빠진 분들도 있다. 정자도 변화하고 진화하여 유리창을 달아 사면을 막고 전기를 연결해서 선풍기나 냉장고 등 전열기를 두고 집처럼 방처럼 사용하는 곳도 있다.

차로 5분만 가면 '배전각'이 나온다. 거의 2층 높이로 지은 누각으로 사방으로 훤히 트여 전망이 훤하다. 시조 단원이 나오면 누각을 찾아간다. 계절은 사계절 모두 좋다.

초여름이면 사방에 초록초록한 논에 눈이 시리고, 한여름에 무성해진 나뭇잎에 바람이 일면 바닷가 파도소리가 들린다. 가을 벼논 익은 노란 들판, 추수 끝나 빈 겨울 들판도 방석과 돗자리를 챙겨서 1시간짜리 미니 여행을 떠난다. 쉬는 시간에 이동해야 하지만 그래도,

'흠, 시조는 정자나 누각에서 배워야 제맛이지.'

오늘도 다 새거다 호미 메고 가자스라
내 논 다 매거든 네 논 좀 매어주마
올 길에 뽕 따다가 누에 먹여 보자스라

허리를 꼿꼿이 세우고 반가부좌를 하고 앉아 훈민가를 외운다. 상체를 좌우로 살짝 흔들어 주는 건 기본이다. 한 번 읽고 주제를 짐작한 녀석들은 서로 옆 친구 어깨를 치면서 중장을 바꿔 과장된 발음으로 외운다.

"네 논 다 매거든 내 논 좀 매어주라."

사람은 혼자서는 살아갈 수 없는 법, 삶이란 너나없이 서로 주고받고 도우며 살아가는 것이라고 배우는 시간이다.

바닥에 등을 대고 누워서 시조창을 듣는다. 휴대폰으로 음원을 찾아 옛사람들 방식으로 창을 즐긴다. 시조는 박자가 느린 랩이었다고, 오늘날 속도로 시조 랩을 해 본다.

모방 시조 짓기도 한다.

오늘도 다 새거다 가방 메고 가자스라
내 시험지 다 풀면 네 문제 좀 풀어주마

갈 길에 아이스크림 나눠 먹어 보자스라

이제 창작 시조 한 수 지어 보자. 주제를 자연인으로 할까?

식이 시조 창작은 어려워요. 다음 시간에 한 번 더 나오면 그때 지을게요.

나 수업시간에 또 나오고 싶어서 꾀부리는 거 다 보인다.

정철이 살았던 시대 500년 전으로 돌아가 보기도 하고, 50년 후 할머니 할아버지가 되어 노후를 보내는 자신을 상상해 보자고 하니 "나는 자연인이다!"라고 외치며 낄낄거린다. 누각은 타임머신이다.

하지만 현실로 돌아와, 다음 수업에 늦지 않게 서둘러 돌아온다. 한 시간 미니 여행, 시간 여행, 누각 여행 끝!

병영성 달맞이

초승달, 그믐달, 상현달, 하현달, 밤하늘에 떠오른 달님은 언제나 반가운 님이지만 보름밤엔 특별하다. 내가 가장 좋아하는 달은 반달과 보름달의 중간 그 묘한 모양의 달인데 보름에 가까워지면 음력을 헤아리며 기다린다. 그러다 구름 없이 맑은 동쪽 하늘에 믿을 수 없이 둥근 그것이 올라오면,

"은이야, 우리 달구경 갈래?"

"뽀이야. 우리 달맞이 갈래?"

아이들에게 문자를 보낸다. 아무리 보름밤이지만 혼자 나가기는 겁이 나는 게 사실이다. 마을 회관 마당에서 아이들을 만나 차에 태우고 병영성으로 간다. 돌로 지은 성벽 위에서 보는 달은 집 마당에서 볼 때와 또 다르다. 성밟기를 하며 달맞이를 한다. 소원을 빌어야 할 것 같은데 소원이 떠오르지 않는다. 습관처럼 휴대폰 카메라를 열었다. 휘영청 눈부신 달빛이 휴대폰 작은 프레임 안에 들어오지 않는다. 녀석들은 어디서 배웠는지 소나무 가지와 누각의 처마를 넣어서 구도를 잡으면 작품이 나온다며 내게 한 수 가르친다.

"보름달 둥근 달 동산 위로 떠올라

어둡던 마을이 대낮처럼 환해요."

아이들 뒤를 따라가며 노래를 불러 본다. 어린 시절 선생님 풍금 반주에 맞춰서 동무들과 배운 노래다. "그 동무들은 다 어디 갔나?" 아이들은 내가 모르는 요즘 노래를 부르며 저만큼 앞서간다. 바람결에 맑고 고운 아이들 노랫소리가 실려 온다.

지금 이 순간 병영 들판과 우주 삼라만상이 다 우리 것이다.

마을 회관에 내려 주고 집에 돌아왔다. 은이는 집에 들어가서 문자를 보내왔다.

"선생님, 오늘 정말 재미있었어요. 다음에도 이렇게 놀아요."

그렇지, 인생은 노는 것이지. 달이 뜨면 달을 보고, 꽃이 피면 꽃을 보고. 제자들과 달맞이, 나도 재미있었다. 언제까지라도 우리를 순화시키고 영감을 주는 자연 속에서 자연처럼 살아가기를 아이들이 배웠으면….

모르는 동네를 지나다 빈 정자나 누각을 보면 그냥 지나치기 아까워 한 번 더 뒤돌아본다. 운전 속도를 늦추어 천천히 지나간다.

호수에서 달밤 뱃놀이

그해 여름방학 전날 우리 반은 영이네 집에 놀러 갔다. 영이 집은 호숫가에 있는 그림 같은 펜션이고, 영이 아빠는 배로 민물고기를 잡아 식당도 같이 운영하고 계셨다. 관상용 희귀 금붕어 양식장을 하고 있어서 지역 TV 프로그램에 나오기도 하셨다.

우리 계획은 오후에 물놀이를 하고, 저녁밥을 먹고, 산책을 하고, 1학기 돌아보기를 하고. 잠을 자고 다음 날 간단히 아침을 먹고 등교하는 것이었다.

그런데 도착하자마자 영이 엄마가 구명조끼를 내주시더니 배에 태워서 호수를 한 바퀴 돌아 주셨다. 시원한 바람을 맞는 아이들 얼굴에 함박웃음이 피었다. 아이들은 하늘과 물과 산을 벅차게 바라보고 나는 아이들 얼굴을 바라보며 흐뭇하다.

배에서 내려 이번에는 수영과 잠수를 하며 놀았다. 추워서 입술이 파래질 즈음, 외출에서 돌아오신 영이 아빠가 숯불을 피워 고기를 구워 주셨다. 시장한 터라 양껏 먹고 몇몇 아이들은 졸면서 쉬고 있는데 영이 아빠가 내 마음을 읽은 듯 말씀하신다.

"오늘 저녁, 달은 7시 12분에 뜹니다. 쉬다가 시간 맞춰서 나오십시오."

나는 차마 말은 못하고, '밤에 배를 타고 호수 한 바퀴 도는 것은 위험하려나?' 하며 기다리고 있던 참이었다. 그리하여 저녁 산책은 다시 뱃놀이가 되었다. 우리는 신발을 벗고 배에 올라 시원한 밤바람을 쐬며 유람을 하였다. 영이 아빠는 어스름 호수 맞은편과 뒤편까지 속속들이 배를 운전해서 돌아 주셨다. 겹겹이 돌아보고 나니 작은 호수가 아니라 드넓은 댐이었다. 그런데 영이 아빠는 갑자기 댐 한가운데서 배 시동을 끄고 멈추는 것이었다. 맘껏 달도 보고 노래도 불러 보라고 하셨다. 합창도 하고 독창도 하고 놀이도 하며 호수 위에 머물렀다. 다시 시동을 켜서 한참을 달리다가 또다시 시동을 끄고 멈춰서 시간을 주었다. 이번에는 침묵의 시간이었다. 말없이 달을 보고 얼마나 깊을지 모를 수면을 들여다보고 물속에 산속에 생물들도 생각해 보고, 멀리 마을에 계시는 부모님도 생각해 보자고 하셨다. 풍류 아빠가 운전해 주신 뱃놀이, 지금도 잊히지 않는다. 아이들 덕분에 누린 최고의 호사였다.

아이들도 좋았는지 영이에게 물었다.

아이들 영아, 너는 매일 이렇게 사냐?
영이 이 정도 가지고 뭘?

영이 아빠는 그날 정말 훌륭한 교사였다. 통통배는 교실, 아니 물 잠긴 댐이 커다란 교실이었다. 아이들이 살아가면서 매일 매 순간 그날처럼 환히 웃을 수는 없을지라도 힘든 일 있을 때 가끔은 그 뱃놀이 기억을 가슴속에서 꺼내어 미소 지으며 힘을 얻을 수 있을까?

산수화 속으로, 경포계곡에서 탁족

"어제 비 많이 와서 계곡에 물 불었겠다. 탁족 가자."

탁족이라고 했지만 사실은 온몸을 던져서 잠수하며 노는 물놀이다. 수 돗물보다 맑은 물이 기암괴석 사이로 흐르는 천연 워터파크다. 바위산 월 출산이 품었다가 내놓는 물이다. 차로 10분만 가면 그런 곳이 있다. 별 준 비 없이 입은 옷 그대로 가도 된다. 옷 한 벌과 수건 한 장씩 있으면 더 좋다. 나는 등산용 스틱을 준비한다. 계곡 입 구 경고 안내판에 뱀이나 멧돼지를 주 의하라는 내용이 생각나서 여차하면 스틱으로 물리치기 위해서다.

온몸을 던져서 탁족,
이런 놀랍고 벅찬 교실

아이들은 아무 걱정 없이 천진난만 하게 논다. 잠수하여 예쁜 돌 줍기, 폭 포에 대고 소원 외치기, 폭포 아래서 득 도하기, 득음하기, 인간 댐 만들기…. 놀이는 끝이 없다 역시 아이들은 예술 가들이다, 행위예술가.

하지만 아무리 즐거워도, 어두워지면 아무래도 무서우니 적당할 때 중단하고 내려와야 한다.

"배고프겠다. 밥 먹으러 가자. 소머리국밥 먹을 줄 알아?"

"맛있어요. 좋아요."

입맛은 어른이다. 많이 맛있게 먹는 모습에 뿌듯하다. 식당 '예촌' 안주인은 서양화가다. 쉬는 날에는 문을 닫고 스케치 나들이를 간다. 풍경화와 꽃그림, 벽에 걸린 유화 구경은 덤이다. 미술관에서 먹는 소머리국밥이다.

돌아오는 차 안에서 아이들은 발그레한 얼굴로 묻는다.

지이   선생님, 다시 가서 조금 더 놀고 오면 안 돼요?"

나   금방 밤 되는데, 다음에 한 번 더 가자.

그 몸을 적셔 주는 비단 같고 옥으로 만든 주렴 같은 물이 밤새 흘러서 먼 길을 가 버리는 게 아깝다. 장쾌한 물소리에 귀를 씻고, 혹시 마음에 맺힌 거 있으면 그것도 씻어서 멀리 던져 보내고 한 근쯤 가벼워진 심신으로 돌아온다. 말 없는 자연이 인간을 크게 위로해 준다는 진리를 확인한다. 경포계곡, 사람의 손으로는 만들 수 없는, 조물주가 아니면 만들 수 없는 교실이다.

이런 세상, 뮤지컬 공연

'문화마실'이라는 명목으로 아이들과 공연과 전시를 보러 간다. 극장 소극장 대공연장 미술관, 언제나 떨리고 설레는 교실이다.

공연은 대부분 저녁 7시에 시작하니, 일과가 끝난 후 서둘러 차를 타고 공연장 부근에 가서 저녁밥을 먹는다. 간단한 식사지만 면소재지에 사는 아이들에게는 특별한 외식이다.

공연이 끝난 후에는 늦더라도 카페에 들른다. 카페 실내의 장식 소품이 지난번과 달라진 게 있는지 구경하고, 초록한 허브 고명을 얹은 달콤한 음료를 마시면서 소감을 나눈다.

마지막에는 친구가 뭐라고 말했는지 다시 새기고 누구 소감에 가장 공감하는지 자기 의견을 더하여 말하기도 한다.

가요, 합창, 연극, 무용, 뮤지컬, 실내악, 오케스트라, 영화…. 공연을 볼 때 아이들의 마음에 어떤 일이 일어날까?

뮤지컬 「하루」

담양에 근무할 때, 겨울방학을 앞둔 크리스마스 즈음이었다. 광주 소극장 '문예정터'에서 「하루」라는 뮤지컬을 보게 되었다. 예산은 국립어린이청소년도서관에서 주관하는 독서문화프로그램 지원비가 충분했다. 교장 선생님께 방학과 크리스마스 선물로 뮤지컬을 보여 주자고 어렵게 말을 꺼내어, 퇴근하는 선생님들 차로 이동해서 공연장에 도착했다.

100석 규모 소극장이라 춤추고 노래하고 대사하는 배우들의 연기를 바로 앞에서 볼 수 있었다. 아이들의 눈이 휘둥그레졌다. 아이들은 숨죽이고 무대를 바라보고 나는 아이들을 바라본다.

남자 주인공이 하루밖에 살지 못한다는 시한부 판정을 받고 사랑하는 사람들에게 마지막 인사를 하러 다니는 내용이 있었다. 배우들의 숨 가쁜 호흡과 표정, 무대 바닥에 떨어지는 땀방울, 절절한 줄거리 내용, 역동적인 춤과 서정적인 노래, 아이들은 한 시간 남짓 다른 세상에 다녀온 것처럼 보였다.

공연이 끝나고 아이들을 집에 데려다주는 차 안에서 차례로 소감 한마디씩을 시켰다. 지금도 잊히지 않는 주이의 소감, 주이는 조수석에 앉아 이렇게 말했다.

주이 저는 오늘 뮤지컬을 보고 엄마를 생각했어요.

나 우리가 하루밖에 더 살지 못한다면, 당연히 엄마가 가장 보고 싶겠지?

주이 그게 아니고요, 우리 엄마는 이런 세상이 있는 줄도 모르고, 날마다 초등학교 급식실 뜨거운 불 앞에서 요리를 해요. 집에 오면 피곤해서 양말도 안 벗고 자는 날도 있어요. 엄마에게 이런 공연을 꼭 보여 주고 싶어요.

주이는 울먹였다. "이런 세상이 있는 줄도 모르고"라고 하면서….

나는 그날 낮부터 몸이 좀 아팠는데, 아이의 그 말에 소름이 돋으면서 몸이 한 뼘쯤 붕 떠오르는 것 같았다. 아, 이 아이들에게 다음엔 또 무얼 보여 줄까?

뮤지컬 「넌센스」

4년 후 나는 강진에 근무한다. 강진아트홀에 뮤지컬 「넌센스」가 들어왔다. 그 유명한 「넌센스」! 공연하는 날을 기다렸다가 아이들을 데리고 읍 나들이를 갔다. 아이들은 무대를 보고 나는 아이들의 눈빛을 본다. 긴장한 눈빛이 반짝반짝하다. 무대 배경도 신기하다고 저희끼리 소곤거린다.

공연이 끝나고, 집에 데려다주는데, 한 번에 다 태울 수 없어서 아이들을 편의점에 기다리게 하고 일부만 태우고 돌아온다. 차 안에서 아이들이 말한다. 나는 아이들 말을 듣는 사람.

빈이 　선생님, 그런데 왜 수녀님들이 그렇게 노래를 잘해요?

소이 　그분들은 수녀님이 아니야. 뮤지컬 배우잖아? 넌 그 프로그램 안내문도 안 읽어 봤냐?"

빈이 　…….

애들을 내려 주고 다시 데리러 갔다.

나 　얘들아, 빈이는 이분들이 모두 진짜 수녀님인 줄 알더라. 수녀님이 원래 노래를 잘하느

슬이　**그럼, 진짜 수녀님이 아니에요?**

　　수녀님을 실제로 본 적이 없는 아이도 있다. 어쩔 수 없이 사실을 알려 줘서 그만 환상을 깨 버렸다.

　　이제 아이들은 아트홀 주요 회원이다.

읍내 아트홀만 줄곧 다니다가, 드디어 서울로 진출! 시문학파기념관과 군청 주관으로 서울 예술의 전당에서 공연한 '영랑시 가곡 합창공연'에 갔다. 당연히 한가람미술관 '그리스 보물전'도 관람했다, 교실은 점점 넓어진다.

　　선생님! 이제 카네기 홀만 남았네요? 언제 접수해요?

　　카네기 홀은 어디서 들었을까?

　　아이들과 공연을 보는 건, 늘 벅찬 일이다. 공연 시작 전 아이들의 심장 두근거리는 소리가 내 귀에는 들린다. 오래전 제작 방송한 공익광고 '어린 날의 문화체험' 편에서 난타 기획 감독 송승환 씨는 공연을 본 감동은 어른이 되어서도 가슴속에 살아 있다고 말한다.

카페에서 아이들은

도향 찻집

그해에 만난 아이들은 좀 특별했다. 수업 시작 음악이 울려 선생님들이 교실에 들어가도 아랑곳하지 않고 돌아다니고, 과자를 먹고, 화장을 하고, 사물함 위에 걸터앉아 있고, 도무지 수업을 시작할 수가 없었다. 29명 중 23명이 그런 모습이었다. 말없이 서서 기다려 보고, 음악이나 영상을 틀어서 시선을 모아 보려고도 해 보았지만 아무 소용이 없었다. 거의 모든 과목 시간이 그러하였다. 하는 말도 거칠고 교실을 쓰레기장 이상으로 어지르고, 따로 불러 얘기를 하려고 한 명을 부르면 대여섯 명이 몰려와서 나를 공격하는 것이었다. 수업을 해 보려고 교실과 도서실에 절반씩 나눠 놓고 양쪽으로 왔다 갔다 해 보기도 했지만 소용이 없었다.

그렇다고 아무것도 않고 가만히 있을 수 없어서 쓰레기가 쌓인 사물함 뒤편을 청소하고 사물함을 벽에서 50㎝가량 떨어뜨려 놓았다. 쓰레기가 눈에 보여서 청소하기 쉬울까 생각해서 그리한 것이었는데 크게 효과는 없었다.

창가에 페튜니아 화분을 걸었다. 집에 있던 법구경 명언 일력을 가지고 가서 걸고 하루에 한 장씩 넘기자고 했다.

쉬는 시간에 무슨 일 없나 교실에 올라갔는데, 세상에, 법구경 말씀은 서른 장 중 여섯 장 남겨 놓고 모두 찢어서 사물함 주변에 날아다녔다. 종이비행기로 접혀 날아다니다 추락한 것들도 있었다. 창틀에 걸어 놓았던 화분은 바닥에 떨어져 있고 흙은 곳곳에 흩뿌려져 있고 페튜니아는 가련하게도 뿌리까지 드러내고 나동그라져 있었다. 화분이 플라스틱이라 다행이었다.

내 마음은 페튜니아처럼 내동댕이쳐졌지만 말없이 흙을 쓸어 담아서 뿌리를 감싸 주며 생각했다.

'어쨌든 아이들이 반응을 했어. 꽃과 법구경 명언에 반응을 했어. 반응이 예상보다 좀 격렬하긴 하지만…'

"그래. 아이들과 차를 마셔 봐."

어떤 붕대가 있어 이 교실에 붙이고 감싸서 상처를 아물게 할 수 있을지.

화개에서 '산유화'라는 찻집을 하는 친구가 내 하소연을 듣고 가만히 이렇게 말하며 다구와 차를 보내 주었다. 유리 다관과 조심스러운 유리 찻잔들, 들꽃이 수놓인 다건과 다포도 예쁜 것으로 보내 주었다. 다탁도 하나 장만했다. 도서실에 매트를 깔고 모여 앉았다. 아무도 안 올 줄 알았는데 다들 좋아하며 모였다. 수업시간에는 볼 수 없는 자세로 앉아서 차를 마셨다.

어느 날, 일과가 끝나고 아이들을 차에 태우고 가까운 찻집에 마실을 갔다. 주제는 '카페에서 시 읽기' 예산은 '멋대로 맛대로 맘대로 시 낭송' 문화체육관광부 주관 청소년 시 낭송 후원 지원금이 있었다.

일단 여학생 여섯 명을 데리고 갔다. 가지고 간 『국어 시간에 시 읽기』 시집에서 시를 한 편씩 골라 낭송을 하는 게 나의 계획이었지만 그냥 '차나 한잔' 할 수 있으면 그걸로 만족이라고 크게 기대를 하지 않았다. 사장님은 녹색대학을 다니시는 멋진 어르신이었는데 오미자차와 삶은 달걀을 정성껏 내주셨다. 어쩐 일인지 아이들은 교실에서와 달리 낭랑한 목소리로 낭송도 하고, 심지어 소감도 말하고 카페에 준비된 색종이 메모지에 기록도 남겼다.

나는 내심 흡족하여 기분 좋게 계산을 했다. 그런데 사장님이 우리를 내내 지켜보고 계셨는지 고개를 절레절레 흔들며 말했다.

사장님 아이고 선생님, 정말 고생하시네요. 저런 애들을 데리고.
나   네? 아니에요. 여기 오니 그래도….

나는 말을 잇지 못했다. 사장님이 보시기에 아이들의 태도가 영 안타까

윘던 모양이었다.

　다음 날 오후, 나머지 여학생 일곱을 데리고 갔다. 혼자 준비하시는 사장님을 위해 메뉴를 한 가지로 주문을 하고 자리에 앉는데 전화가 왔다. 이제 다녀간 소이었다.

> 소이　선생님, 오늘 저희 또 가면 안 돼요? 음료 값은 저희가 낼게요. 버스 타고 갈게요. 차 시간도 맞아요.

　세상에…. 카페와 찻집은 힘이 세다. 정말 힘이 세다.

카페, 분홍나루

한 해 저물어 가는 12월, 말썽쟁이 남자아이들 대여섯 명을 데리고 카페 분홍나루에 갔다. 나무를 다루는 주인장이 직접 만든 어마어마한 원목 탁자와 어디서도 볼 수 없는 작품들을 구경하고, 바다를 배경으로 한 유명한 해녀이 광경을 사진으로 찍기도 하고, 자리에 앉아 아늑한 조명 아래서 식사를 기다렸다.

　차 위주로 하는 카페여서 식사 메뉴는 한정적이었다. 정사각형 나무 쟁반에 1인분씩 담은 매생이 떡국이 나왔다. 손으로 빚은 도자기 주발에 담긴 떡국과 접시에 담긴 김치와 나물은 젓가락을 댈 수 없을 만큼 가지런했다. 수저받침도 앙증맞다. 아이들은 조심스럽게 떡국을 먹었다.

　식사가 끝나고 홍차를 주신다. 물을 채운 유리 주발에 불을 켠 티 라이트를 띄우고 램프 워머와 유리 다관과 찻잔을 차린 다반을 앞에 놓고 아이들은 어찌할 바를 모른다. 동백잎 가지 한 줄기도 찻잔 아래 깔아 주셨다. 건이가 조심스레 차를 따르고 유이가 받았다.

> 건이 내가 해 볼게. (조심스럽게 차를 따른다.)
> 유이 (역시 조심스럽게 받아들고) 고마워.

난 내 귀를 의심했다. 유이는 늘 거친 말을 하는 아이였다. 처음으로 나는 순하게 감사의 말을 하는 아이 목소리를 들었다. 세상에….

식사를 마치고 계산을 하는데 뒤에서 동전 소리가 났다. 돌아보니 유이와 종이 두 아이가 가방과 주머니를 뒤져 동전을 세고 있었다. 마늘빵을 사겠다고 했다. 배불리 먹은 터라 다시 물으니 집에 계시는 부모님과 할머니에게 드린다는 것이었다. 나는 또 속으로 '세상에…'를 외우며 모두에게 커다란 마늘빵을 포장해서 들려 주었다. 마늘빵은 2,000원씩이었다.

집집마다 아이들을 내려 주고, 온 동네 개들이 함께 짖어 대는 소리 울리는 마을을 나오며 생각한다. 사람을 움직이게 하는 것은 무엇인가? 아름다움이 아닐까? 마음이 담긴 아름다움만이 사람의 마음을 움직이게 하는 거야.

역시, 카페는 힘이 세다. 힘이 센 교실이다.

분홍나루는 「안녕! 화장실」 편-차 마시는 화장실에 쓴 추억 부자 허브정원 펜션 부부가 운영하던 카페였다. 그 전에는 '차 밥 나무' 주인장이었다.

우리 동네 예체능 목사님

방과후 강사, 채일손 목사님

삼거리 버스정류장 뒤편에 교회가 있었다. 삼거리에는 우체국과 경찰서와 식당이 있고 미용실과 보일러 대리점도 있었다.

꽃샘추위였을까? 바람이 심하게 부는 3월 어느 날 초등학교 병설유치원에 다니는 아들딸을 데리고 저녁 외식을 나갔다. 교회 앞을 지나는데 십자가 종탑 아래로 현수막이 늘어뜨려져 바람에 몸부림치고 있었다.

'쌀 수입 개방, 절대 반대!'

현수막은 농촌의 마지막 보루인 쌀을 지키고자 몸부림치는 척박한 이 땅 농민의 함성, '소리 없는 아우성'이었다. 세상에, 저 교회에 가 보자. 나는 외출의 목적을 잊고 어느새 길을 건너 교회로 향했다.

"엄마, 여기 우리 친구 집인데 아빠가 목사님이셔."

"오! 그래? 잘됐다."

사택 현관에서 딸 친구 이름을 부르자 목사님이 나오셨다. 목사님은 우리를 보자마자, (인사도 나누기 전에, 우리가 저녁 먹으러 가는 중이었다는 걸 어찌 아셨는지) 어서 들어와 저녁을 먹자고 하셨다. 주춤주춤 주방으로 따라갔는데 넓은 상에 반찬 세 가지가 차려져 있었다. 김치와 참치김치찌개와 콩자반, 그렇게 훈훈하고 맛있는 저녁은 지금까지도 먹어 본 적이 없다.

"목사님, 우리 반 아이들이랑 놀러 와도 돼요?"

그날 이후로 반 아이들을 이끌고 가서 먹고 놀고 자고, 참으로 많은 신세를 졌다. 교회에 다니고 있던 아이도 있고, 부모님과 같이 다니는 아이도 있었다.

목사님의 특기는 축구, 탁구, 피아노와 기타 연주, 노래, 작곡 등이다. 채일손 목사님, 알고 보니 윤동주 시 〈십자가〉 작곡자였다. 노래 부르는 스타일은 가수 안치환. 동요, 발라드, 트롯, 모든 장르의 노래를 민중가요 식으로 불렀다.

아이들에게 〈나이 서른에 우린〉과 〈바위처럼〉, 〈내가 만일〉을 가르쳐 주시고, 몸이 스치면 바닥에 주저앉고 마는 낡은 탁구대에서 드라이브와 커트를 가르쳐 주시고, 때로 2층 교육장에서 미니 올림픽도 열어 주시고, 말하자면 요즘의 '방과후학교' 선생님이었다. 인성과 예체능을 고루 배우는 진정한 의미의 방과후교실이었다.

스님, 절에 놀러 가도 돼요?

반전 템플스테이, 정관 스님

"스님, 아이들과 놀러 와도 돼요?"

겨울방학을 시작하는 날이고, 크리스마스 이브였다. 그해 그 학교에서는 비구니 스님이 주지로 계시는 망월사에 가끔 놀러 갔다. 작은 절이어서 템플스테이 프로그램도 없고 숙박과 식사를 할 만한 시설도 넉넉지 않았다. 그런데도 기꺼이 우리를 초대해 주셨다.

내 나름으로 엉성한 템플스테이 프로그램을 계획했다. 사찰 예절 배우기, 『반야심경』 뜻풀이, 108배와 명상과 참선 등을 차례로 하고, 스님 이야기를 들었다. 아이들과 같은 나이에 3,000배를 하고 스님이 될 뜻을 세웠다고 하셨다. 그 결기에 마음이 숙연해졌다.

밤 깊어 절 일정으로는 잠잘 시간이라고 생각했는데 스님이 마당에 장작을 모아 크리스마스 캠프파이어라고 모닥불을 피워 주셨다. 불경 듣던 녹음기를 가져오시더니 댄스 음악을 틀어 주시는 것이었다. 한밤중 절 마당에서 벌인 댄스 축제, 반전 템플스테이였다. 반가부좌를 하고 『반야심경』을 외우던 아이들은 금세 해변에 캠핑 온 10대들이 되어 막춤을 추며

홍겹게 놀았다.

절 마당에서의 크리스마스 파티가 끝나고 잠잘 시간, 스님은 아이들이 불편할 거라며 나를 굳이 스님 방으로 오라고 하셨다. 기다란 방 양쪽 끝에 누웠는데 하루가 꿈인 듯 아득하여 잠이 오지 않았다. 스님은 주무실 때도 수행하듯이 반듯이 누워서 단정하게 주무셨다.

다음 날 마무리할 때는 문구점에서 고르셨는지 필통, 수첩, 필기구, 지우개, 캐릭터 용품 등을 선물로 주셨다.

스님은 예술가였다. 툭 꺾은 매화 가지를 항아리에 꽂아 마루에 두거나, 부서진 기왓장에 아무 돌멩이나 주워서 얹어 두거나 할 때 그 모양새가 어찌나 조화로운지 세상에 없는 설치미술 작품을 보듯 가슴이 서늘해지는 것이었다. 그 정갈하고 고졸한 작품을 보며 손끝의 절대미감에 감탄했다. 정관 스님, 요즘은 사찰 음식 전문가로 외국에도 널리 알려져 절대미각을 발휘하고 계신다. 직접 키운 배추로 김치를 담가 질박한 옹기 접시에 북북 찢어서 내놓는데 또한 맛있고 멋있는 작품이다.

작은 절 망월사, 아이들에게는 큰 교실이었다.

저도 스님처럼, 원일 스님

가는 곳마다 학교 주변에 아이들과 놀 놀이터가 있다. 나주에서는 미륵사. 군대에서 휴가 나온 옛날 제자가 찾아와서 함께 구경 갔다가 스님이 계셔서 인사드렸는데 스님이 먼저 말씀하셨다.

"아이들 데리고 놀러 오세요."

토요일을 격주로 쉬던 시기, 쉬는 주 금요일은 다음 날 등교 부담이 없으니 미륵사에 1박 2일로 놀러 간다. 아이들도 당연히 기대하고 준비를 해 온다. 수업이 끝나고 걸어가기에는 먼 거리니 내 차로 두어 번 수송을 한 다. 먼저 도착한 아이들은 간단히 경내 청소를 하고 저녁 공양 준비를 돕 는다. 저녁 공양 후 절 분위기에 익숙해진 아이들이 경내를 산책하며 술래 놀이를 한다. 스님은 모처럼 사람 사는 집 같다고 좋아하시며 같이 놀아 주신다.

가끔은 외식하자고 면내에 하나밖에 없는 중국집에 가서 짜장면을 사 주신다. 고기를 골라내고 단무지로 짜장 양념을 깨끗이 닦아 드시는 모습 을 보고 아이들도 따라 한다. 말이 필요 없는 가르침이다.

토요일 아침 공양 후 스님 방에서 차담을 한다. 차에 대해 설명하시고 맛을 물으신다. 찻자리 열기에는 많은 숫자지만 둥그렇게 앉아서 한마디 씩 하고 귀 기울여 듣는다.

광이가 한 말을 기억한다.

광이   저도 나중에 어른 되면 스님처럼 살고 싶어요.

나   (놀랍고, 반갑고, 궁금해서) 스님처럼? 어떻게?

광이   넓고 깨끗한 방에, 책을 꽂아 놓고, 손님이 오면 함께 차를 마시면서 살 거예요.

나   (세상에…)

나는 무슨 말을 해야 할지 몰랐다. 광이는 말하자면 업둥이였다. 할머니 할아버지라고 해야 할 만큼 연로하신 양부모가 데려다 키운 아이였다. 어 쩌면 농사일에 일손이 필요해서였을 것이다. 다행히 아이는 튼튼하게 자라 근력도 있고 일도 곧잘 했다.

그런데 집이 따로 없었다. 오이랑 호박이랑 여러 가지 채소를 키우는 비닐하우스 입구에 평상을 놓고 그 위에 전기장판과 이부자리와 살림살이를 펼쳐 놓고 살았다. 잡풀이 자라고 벌레가 기어 다니는 흙바닥에 고무 통을 놓고 물을 길어 와 요리와 설거지를 했다. 공부 책상도 없고 가구도 없었다. 학교에서는 수업시간에도 리어카를 끌고 다니며 주무관 일을 도와주곤 했다. 무기력하게 앉아 있던 수업시간과 달리 너무도 분명하게 세 가지 핵심을 짚어 말해서 나는 놀랐다.

지금쯤 광이는 넓고 반듯한 집을 가졌을까? 책장에 책을 꽂아 놓고 살고 있을까? 손님이 오면 차를 우러서 맞이하고 있을까? 부디 그랬으면 좋겠다. 두 손을 모아 본다.

그리고 아이들이 고등학교에 진학한 후 말했다.

금이 선생님과 절에 놀러 다니면서 나물을 잘 먹게 되었어요.

미이 저는 편식이 줄었어요.

주이 가부좌 자세는 힘들지만 반가부좌로 앉으면 허리가 바르게 펴져요.

좋은 목재로 반듯하게 지어 솔 향내 나는 요사채는 아이들에게 또 다른 교실이고 놀이터였다.

국보 절집 무위사의 스님

유홍준 님이 『나의 문화유산 답사기』에 아름답게 적어서 유명해진 국보 절집 무위사에서 아이들과 템플스테이를 한다. 정갈한 저녁 공양을 하고, 천년 동안 한자리를 지킨 극락보전에서 앉았다 일어섰다 서투르게 예불을 따라 한다. 수장고에 있는 수월관음도 해설을 듣고 묵언 산책도 한다.

하루 일과를 마친 저녁 즈음, 스님이 차담에 부르신다. 삶은 감자와 수박을 내주신다. 차는 커피. 보글보글 대화하듯이 천천히 내린 드립커피에 물을 더하여 조금씩 맛보고 국보가 있는 절에서 하룻밤을 잔다. 그날 밤 하늘에 별은 모두 월출산 옆으로 모여 흘렀다. 집에서 멀리 간 것도 아닌데 천 년의 시간을 거슬러 멀리 여행한 특별한 밤이었다.

무위사 스님의 재미나고 신비한 이야기

－이 외에도 송광사 백련사 도갑사 백양사 천진암. 아이들과 1박을 하면서 봉사하고 템플스테이 했던 곳이다.

밤에 우리 영혼은 고즈넉해지며 다른 이와 더 깊이 교감하고 나 자신에게도 친구에게도 더 가까이 다가간다.

명산 아래 절집은 밤을 보내기 좋은 교실이다. 어디나 친절한 스님들이 아이들을 맞아 주셨다. 스님들은 훌륭한 스승님들이다.

판소리와 파두

작은 학교라서, 그리고 교통편이 불편한 곳이라서 아이들과 어디를 갈 때는 곧잘 내 차를 이용한다. 한차에 다 타지 못할 때는 아이들을 기다리게 하고 두세 번 운전해서 간다. 어디든 간다. 찻집과 식당, 서점과 공연장, 전시관도 가고 일정이 끝나면 밤에는 집에 데려다준다. 짐도 많이 실을 수 있는 넉넉한 차다.

아이들이 차에 타고 출발했는데 마침 틀어 놓은 KBS1 FM 라디오에서 파두가 나왔다. 아말리아 로드리게스 목소리다.

조수석에 앉은 형이 말을 걸어왔다.

형이 선생님, 음악이 참 고급지고 슬프네요.

나   응, 파두라고 하는 포르투갈 민요야.

형이 우리나라 판소리와 비슷한 느낌이에요.

나   오, 그래? 형이 음악 많이 들어?

형이 심심할 때 좀 들어요.

나   (세상에⋯, 심심할 때 아니고 외로울 때겠지. 이 아이가 판소리의 한을 파두에서 알
      아챘단 말인가?)

슬픔을 슬픔으로 이기려는 노래, 몸에 고인 슬픔이 숙성 발효되어 목소리로 녹아 나오는 판소리와 파두의 맛을 안다는 말인가?

부모님 두 분이 갑자기 돌아가셨는데 그 충격이 얼마나 컸을까? 게다가 아버지의 경우는 더 안타까웠다. 시설에 보내졌다가 집안 어른들의 주선으로 친척집 두어 곳을 거쳐 시골에 있는 할아버지 집으로 오면서 전학을 온 것이었다. 그런데 친할아버지도 외할아버지도 아니고 작은할아버지라니, 집에나 학교에나 잘 적응해야 할 텐데, 뭔가 위태롭고 안심이 되지 않았다.

라디오 볼륨을 높여 보았다. 음악을 크게 들으면 녹음 상태에 따라 연주자의 숨소리가 들리는데 나는 그게 좋다. 아이는 파두 한 소절을 듣고 한의 느낌을 알아챈 것이다. 창밖으로는 해 질 녘 풍경이 영화처럼 흐르고, 가까이 앉아서 같은 풍경을 바라보며 목적지를 향해서 달리는 차 안은 속 깊은 대화를 나누기에 좋은, 또 하나의 교실이다. 낮에서 밤으로 가는 시간, 프로그램 〈세상의 모든 음악〉에서 들려주는 음악을 차 안에서 함께 들으면 영혼이 교감하는 것을 느낄 수 있다.

결국 아이는 작은할아버지 집과 학교에 잘 적응하지 못하고 다시 시설로 보내졌다는 이야기를 나중에 전해 들었다.

식당에서 정리정돈

1주일에 3일, 방과후 야간 수업이 끝나면 학교 앞 식당에 나가서 저녁을 먹는다. 집밥처럼 정성껏 차려 주시는 사장님께 감사하는 마음으로 상을 정리하기로 한다.

먹지 않을 반찬은 처음부터 따로 내놓고, 다 먹은 후에는 수저와 컵과 빈 그릇을 모으고, 반찬이 조금 남은 접시는 마저 비우기로 한다. 먹기 전후 예절을 의논해서 규칙을 정해 시작했는데 이제는 습관이 되어서 자동으로 자기 앞의 그릇은 스스로 정리한다.

'잘 먹었습니다.' 우리 용이가 정리한 상

'빈 그릇 운동'과 버려지는 음식물에 대한 이야기를 들은 터라 아이들이 '의미 있는 것은 나 혼자라도 실천한다'는 의지를 갖게 되었다.

이제는 아이들이 가족 외식을 가서도 식사 후 상을 정리하게 된다고 한다. 내가 없을 때는 "이렇게 정리했어요." 하고 사진을 보내 준다. 작은 천사들, 어디서나 배운 대로 한다.

앞에 앉아 있는 동행만 배려하지 말고 주방에서 내가 먹은 그릇을 씻어 줄 사람, 설거지하는 사람도 생각하자는 취지이다. 절 식사법 중 하나인 발우공양의 방법과 의미도 이야기했다. 식량문제와 빈곤문제도 생각하자고 했다.

삼시세끼 독서편

아침 8시, 낮 1시, 저녁 8시, 하루 세 번 아이들에게 문자를 보낸다. 주말
과 휴일, 방학에 약속한 삼시세끼 독서 알림이다. 특히 올해 3월 원격수업
기간에 호응이 좋았다(나 혼자만의 생각일지도…).

> "새날 새 아침! (햇님 얼굴) 어서 일어나 아침밥독서 시작하자."
> "점심 먹었냐? 후식은 맛있는 책으로^^" (책 그림)
> "독서 천사들~~, 저녁 책 여행 출발!"
> "책 읽기 좋은, 고요한 저녁." (차와 조각 케이크 그림)
> "얘들아, 눈썹달 떴다. 마당에 나가 달구경하고(초승달 그림), 저녁독서 시
> 작!"

매번 조금씩이라도 다른 표현을 궁리하고, 말랑말랑한 최신 이모티콘도
전송한다. '책 읽기 좋은'은 너무 많이 사용했다. 책 읽기 좋은 아침이다, 책
읽기 좋은 한낮이다, 책 읽기 좋은 저녁이다, 마당에 나가 개구리 소리 듣
고 독서 시간 독서 명언도 보낸다. 진부하지 않은 걸로.

"You are what you read."

"Book is answer."

"낡은 외투를 그냥 입고, 새 책을 사라."

　-오스틴 펠프스

　독서 본능을 자극하는 명화와 일러스트, 이미지 사진도 보낸다. 어떤 일러스트는 해설이 필요할 정도로 함축적이고 비유적이다. 뇌를 깨우는, 말이 필요 없는 강력한 메시지다. 그림을 보는 것만으로도 아이들의 뇌는 독서 모드로 변환이 될 것이다.

　독서 명화에서 신기한 것은 책 읽는 인물 곁에 항상 꽃이 있다는 점이다. 꽃이 아니면 나무나 식물이 배경으로 있다.

　올더스 헉슬리의 미래 공상 소설 『멋진 신세계』(1932년)에서는 제5계급 엡실론들에게 어려서부터 책과 꽃을 가까이하지 못하도록 조기 교육을 시킨다. 책과 꽃에 호기심을 보이면 전기충격과 불편한 소음으로 두려움을 주었는데, 화가들이 모두 이 책을 읽고 그림을 그렸을까? 모를 일이다. 꽃이 지혜를 상징해서 그런 것일까?

　나도 도서실 아침독서 테이블에 꽃을 둔다. 달개비, 여뀌, 구절초, 망초…. 학교 담장 아래서 아무 꽃이나 꺾어 들고 가서 화병 세 개에 꽂아 학년별 테이블에 놓아 준다.

　각자 집에서 따로 또 같이 하는 저녁독서에는 꽃 옆에서 독서하는 소녀, 뉴욕 지하철에서 책 읽는 남자, 책 읽어 주는 엄마나 아빠나 할머니 품에 안겨 있는 아가들의 이미지 사진을 보내 준다.

　한 시간이 지나면 아이들이 읽은 책 제목과 쪽수를 적어 보낸다. 한 권을 다 읽었으면 간단히 소감을 적기도 하고, 읽은 부분 중 마음에 남은 구절을 적어 보내기도 한다. 나를 찾아온 문장, 내가 찾아낸 문장, 내 마음 속 문장 들이다. 그러면 그 한 구절은 모두 읽는 셈이 된다. 올해 1학년에 책을 너무나 좋아하고 많이 읽는 아이가 있는데 덩달아 다른 아이들이 좋은 영향을 받고 있다.

두 녀석은 이제 엄마 아빠에게 가족독서를 하자고 조른다. 낮 동안 생업으로 고단하더라도 저녁 설거지 후 꽃이 있는 둥근 상에 모여 앉아 책을 읽고 유자차를 마시면서 이야기를 나누는 그림 같은 모습을 상상해 본다. 책은 도서관에서 빌려 온 책이라도 좋고, 꽃은 마당에서 꺾어 온 풀꽃이면 충분하다.

등교수업이 가능해져서 주중에는 저녁독서 시간만 알린다. 아침독서는 등교 후 1교시 전까지 40분간 도서실에 모여서 하고 점심독서는 희망자만 도서실에 와서 하고 있다.

휴대폰 안에 들어 있는 가상교실, 카*오 톡방 '삼시세끼 독서 편'에는 그 동안 우리가 나눈 수다와 독서 기록이 차곡차곡 쌓여서 제법 많은 분량이 되었다. 책으로 쌓은 '만리책성', 책과 명화가 있는 가상교실이다. 가상교실도 예쁘고 다정하게 다듬는다. 독서 이미지 중 아름답고 유머러스한 걸 저장했다가 전송하고, 완독이나 난이도 높은 책을 읽고 있다는 소식에는 꽃과 과일과 케이크 그림을 마구 보내 준다. 감동적인 소감과 추천사에는 특별 이모티콘도 날려 준다.

아이들이 있는 곳이면 어디나 교실이다. 깨끗하고 우아하고 품격 있는 교실에서 두터운 지성과 예민한 감각과 포근한 인성을 가진 아이들을 키우는 일, 교육의 본질이 아닐까? 더 이상 무엇이 필요할까?

삶은 매 순간 배우고 감동하고 깨닫는 과정.

세상은 드넓은 교실!

아버지의 마지막 교실

아버지는 평생 초등학교 평교사로 농촌에서 아이들과 살았다.

쉰다섯, 아까운 나이에 낫기 어려운 병을 진단받고 한 학기를 앓다가 돌아가셨다. 마음은 그 무엇에도 걸릴 것 없이 청렴하였고 집과 학교, 당신 주변을 청결하고 가지런하게 가꾸셨다. 방바닥에 먼지 한 톨도 그냥 못 넘기고 닦아 내던 아버지를 흙 속에 묻고, 우리는 산을 내려왔다. 그해 여름, 천붕의 심정을 차마 무슨 말로 다 하리.

삼우제를 지내고, 동생 둘이 아버지 학교에 짐을 챙기러 갔다. 시외버스를 내려 정류장에 채워 둔 낡은 자전거를 타고 왕복하던 자갈길, 오래돼서 표면이 갈라지고 모양을 잡아 주는 철심이 밖으로 드러난 검정 비닐 도시락 가방을 싣고 다니시던 길을 동생들은 물어물어 찾아갔다.

당시 모든 아버지들이 그러했듯이 당신도 적은 월급으로 자식 여섯을 살뜰히 키워 내고 할머니 할아버지를 부양한, 힘겨운 가장이었다.

아버지 교실에는 도장이나 수첩 외에도 낯익은 우리 집 물건들이 많았다. 우리가 읽던 그림동화책, 우리가 가지고 놀던 봉제 인형, 배를 누르면 삐익 소리가 나는 고무 기린과 고무 사슴이 거기 있었다. 엄마가 아끼는 쟁반과 컵도 반 아이들이 사용하고 있었다.

동생은 상자에 짐을 꾸리다가, 슬며시 몇 가지를 그 자리에 두고 왔다. 아버지 손길과 숨결이 묻은 그것을 아버지의 마음인 양 그 자리에 남겨 두었다.

우리가 어릴 때부터 아버지는 집에서 물건들을 챙겨 교실로 가져가셨다. 그림책은 물기를 꼭 짠 수건으로 표지를 닦고, 곰돌이를 비누 거품에 빨아 집게로 줄에 널어서 말리고, 고무 인형은 스펀지로 문지르고 다시 마른 걸로 닦고, 그것들을 보자기에 묶어서 학교로 가지고 가셨다. 동화책이나 장난감이 지금처럼 풍족하지 않던 시절이었다.

아버지의 마지막 학교를 기억한다. 주말에 퇴근할 때면 가끔 길을 돌아서 그 학교 앞으로 가 본다. 세월이 지나 주변 풍경은 많이 바뀌었지만 그래도, 아버지의 시선이 닿았을 먼 산을 바라보는 것으로 고단했을 아버지의 일생을 위로하려고 간다.

세심하고 검소하고 부지런하고, 그림붓에 포스터물감을 묻혀 동그랗게 글자를 쓰시고 환경정리 그림도 잘 그리시던 아버지를 기억한다. 교육청에는 큰소리로 당신 생각을 주장하고 아이들에게는 한없이 다감하던 아버지, 그래서 어머니에게 늘 요령 없는 사람이라는 잔소리를 들어야 했다.

이제 다섯 딸 중 셋이 아버지처럼 학교에서 아이들과 살고 있다. 초등학교에 있는 동생 강부미는 '배움의 공동체'를 배우며 수업예술가의 기쁨을 누리고 있다. 매 시간 수업을 새롭게 디자인하고, 작품 만들듯이 원격수업 영상을 온 정성을 다해 만든다. 40분 수업 하나가 아이들에게 어떤 무늬를 남길지 두려운 마음으로 영상을 다듬어 예술품을 만든다. 교실을 집보다 깨끗이 닦고, 아이들을 집으로 불러 1박 캠프를 한다.

우리는 결국 앞서가신 아버지처럼 어머니처럼, 우리를 가르치신 선생님처럼 산다.

아이들 수업에 지장 없도록 교사인 딸들 결혼식 날짜는 좀 서두르더라도 겨울방학 중으로 잡고, 몇 달을 아프시다가 우리들 근무에 차질 없게 여름방학에 돌아가신 아버지.

아버지는 내 안에 살아 계신다. 아니 나는 아버지 안에 살아 있다.

… 아이들이 돌아간 조용한 교실에서 아버지가 이 책을 받아 보고, 크게 기뻐하며 빙긋 미소 지으신다.

※ 추신

나를 키운 학교
요람이자 고향
지금도 내가 살고 있는 집, 학교가
조금 더 포근했으면 좋겠습니다.

드라마틱한 첫사랑 얘기를 해 주시는 국어 선생님
짜장면 사 주시는 체육 선생님이 계시고
언니 동생만큼 가까운 친구들이 있지만 그래도
아이들에게 교실이 조금 더 아늑한 공간이면 좋겠습니다.

화단에는 꽃이 가득 흐드러지고,
운동장 키 큰 나무 아래에는 벤치가 있고
해 질 녘 집에 갈 즈음에는 새들이 날아오면 좋겠습니다.

현관에는 둥근 테이블과 의자가 있고
테이블은 하얀 레이스와 꽃무늬 천이

덮여 있으면 좋겠습니다.

교실에도 복도에도

그런 원탁이 많이 많이 있으면 좋겠습니다.

둘이 셋이 어울려 앉아 그냥 시시한 얘기도 하고

과자도 나눠 먹고

서로 도와 숙제도 하고, 그랬으면 좋겠습니다.

벽에는 그림 액자가 걸려 있으면 좋겠습니다.

매 순간 이별하는

쓸쓸한 이 세상

1년에 200일, 2,000시간을 머무는 교실이

조금 더 다정한 공간이면 좋겠습니다.

일생 중 가장 아름다운 시절

10대의 20,000시간을 사는 학교와 교실이

조금 더 예쁘고 예술적이고 인문적이고 철학적이고 매혹적이고 창조적이고

가슴 설레는 공간이었으면

언제나 새로운 영감을 주는 곳이었으면 좋겠습니다.

패브릭 한 장

울퉁불퉁 도자기 꽃병에 풀꽃 한 송이

지나간 달력에서 오린 고흐의 그림 한 장이면 됩니다.

냇가에서 주운 조약돌 하나, 오솔길 솔방울,

해변의 조가비, 노랗게 익은 탱자 몇 알이면 충분합니다.

'학교폭력 추방', '성폭력 예방'

'인사를 잘하자', '청소를 잘하자'

현수막과 포스터와 표어는 없어도 됩니다.

껍데기는 버리고, 진짜만 합니다.

작아도 진짜 일만 합니다.

아이들의 마음에 가닿는 일, 마음에 스며드는 일,

마음을 움직이는 일만 합니다.

제 생각에는 그 일이 이상하게도 아이들을 어루만져

조금은 아주 조금은 달라지게 할 것만 같습니다.

세상을 바꾸지는 못하더라도

세상 무수한 모퉁이 중 한 곳을 환하게 만드는 일

가지런하게 다듬고 먼지를 닦고 정돈하고

그림을 붙이고, 꽃을 꽂고

그런 일을 합니다. 어렵지 않습니다.

달력 그림과 엽서 부자, 액자 공장

우리에게는 좋은 것이 많습니다.

열두 색 색연필과 색종이, 그림엽서와 풍경 사진

전시회 도록과 화질 좋은 달력과 잡지

하얀 무명천이랑 하늘하늘 시폰 천도 있습니다.

허리 숙여 들여다보면 풀꽃도 지천입니다.

꽃 두고 시 읽는 아이들

꽃 두고 노래하는 아이들

일곱 살, 열 살, 열다섯 살, 열여섯 살

꽃송이 같은 아이들이 함박웃음을 지으며 달려오기를

포근한 교실에서 문을 열고 기다립니다.

등나무 아래 콘크리트 벤치에 그린 그림

아이들에게 또 하나의 집인 학교와 교실 공간이

다시 살아나기를

건강하고 안전하게 살아나기를 소원하며

연민으로 적은 다정한 편지를 접어

멀리멀리 보냅니다.

책을 만드는 과정에서 많이 배웠습니다.

한결같이 다정한 목소리로 전화를 받아 주신 편집장님과

다정한 손길로 책 모양을 고치고 다듬어

예쁜 책으로 만들어 주신

살림터 가족 모두에게 감사드립니다.

2020년 겨울

삶의 행복을 꿈꾸는 교육은 어디에서 오는가?

교육혁명을 앞당기는 배움책 이야기 혁신교육의 철학과 잉걸진 미래를 만나다!

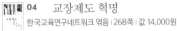

비고츠키 선집 시리즈 발달과 협력의 교육학 어떻게 읽을 것인가?

 생각과 말
레프 세묘노비치 비고츠키 지음
배희철·김용호·D. 켈로그 옮김 | 690쪽 | 값 33,000원

 도구와 기호
비고츠키·루리야 지음 | 비고츠키 연구회 옮김
336쪽 | 값 16,000원

 어린이 자기행동숙달의 역사와 발달 I
L.S. 비고츠키 지음 | 비고츠키 연구회 옮김
564쪽 | 값 28,000원

 어린이 자기행동숙달의 역사와 발달 II
L.S. 비고츠키 지음 | 비고츠키 연구회 옮김
552쪽 | 값 28,000원

 어린이의 상상과 창조
L.S. 비고츠키 지음 | 비고츠키 연구회 옮김
280쪽 | 값 15,000원

 비고츠키와 인지 발달의 비밀
A.R. 루리야 지음 | 배희철 옮김 | 280쪽 | 값 15,000원

 수업과 수업 사이
비고츠키 연구회 지음 | 196쪽 | 값 12,000원

 비고츠키의 발달교육이란 무엇인가?
비고츠키교육학실천연구모임 지음 | 412쪽 | 값 21,000원

 **비고츠키 철학으로 본
핀란드 교육과정**
배희철 지음 | 456쪽 | 값 23,000원

 성장과 분화
L.S. 비고츠키 지음 | 비고츠키 연구회 옮김
308쪽 | 값 15,000원

 연령과 위기
L.S. 비고츠키 지음 | 비고츠키 연구회 옮김
336쪽 | 값 17,000원

 의식과 숙달
L.S 비고츠키 | 비고츠키 연구회 옮김
348쪽 | 값 17,000원

 분열과 사랑
L.S. 비고츠키 지음 | 비고츠키 연구회 옮김
260쪽 | 값 16,000원

 성애와 갈등
L.S. 비고츠키 지음 | 비고츠키 연구회 옮김
268쪽 | 값 17,000원

 관계의 교육학, 비고츠키
진보교육연구소 비고츠키교육학실천연구모임 지음
300쪽 | 값 15,000원

 비고츠키 생각과 말 쉽게 읽기
진보교육연구소 비고츠키교육학실천연구모임 지음
316쪽 | 값 15,000원

 교사와 부모를 위한 비고츠키 교육학
카르포프 지음 | 실천교사번역팀 옮김 | 308쪽 | 값 15,000원

 아이들을 어떻게 가르칠 것인가
사토 마나부 지음 | 박찬영 옮김 | 232쪽 | 값 13,000원

 모두를 위한 국제이해교육
한국국제이해교육학회 지음 | 364쪽 | 값 16,000원

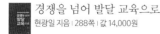 **경쟁을 넘어 발달 교육으로**
현광일 지음 | 288쪽 | 값 14,000원

 혁신교육 존 듀이에게 묻다
서용선 지음 | 292쪽 | 값 14,000원

 다시 읽는 조선 교육사
이만규 지음 | 750쪽 | 값 33,000원

 대한민국 교육혁명
교육혁명공동행동 연구위원회 지음 | 224쪽 | 값 12,000원

 독일 교육, 왜 강한가?
박성희 지음 | 324쪽 | 값 15,000원

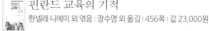 **핀란드 교육의 기적**
한넬레 니에미 외 엮음 | 장수명 외 옮김 | 456쪽 | 값 23,000원

 한국 교육의 현실과 전망
심성보 지음 | 724쪽 | 값 35,000원

4·16, 질문이 있는 교실 마주이야기 통합수업으로 혁신교육과정을 재구성하다!

통하는 공부
김태호·김형우·이경석·심우근·허진만 지음
324쪽 | 값 15,000원

내일 수업 어떻게 하지?
아이함께 지음 | 300쪽 | 값 15,000원
2015 세종도서 교양부문

인간 회복의 교육
성래운 지음 | 260쪽 | 값 13,000원

교과서 너머 교육과정 마주하기
이윤미 외 지음 | 368쪽 | 값 17,000원

수업 고수들
수업·교육과정·평가를 말하다
박현숙 외 지음 | 368쪽 | 값 17,000원

도덕 수업, 책으로 묻고 윤리로 답하다
울산도덕교사모임 지음 | 320쪽 | 값 15,000원

체육 교사, 수업을 말하다
전용진 지음 | 304쪽 | 값 15,000원

교실을 위한 프레이리
아이러 쇼어 엮음 | 사람대사람 옮김 | 412쪽 | 값 18,000원

마을교육공동체란 무엇인가?
서용선 외 지음 | 360쪽 | 값 17,000원

교사, 학교를 바꾸다
정진화 지음 | 372쪽 | 값 17,000원

함께 배움
학생 주도 배움 중심 수업 이렇게 한다
니시카와 준 지음 | 백경석 옮김 | 280쪽 | 값 15,000원

공교육은 왜?
홍섭근 지음 | 352쪽 | 값 16,000원

자기혁신과 공동의 성장을 위한
교사들의 필리버스터
윤양수·원종희·장군·조경삼 지음 | 280쪽 | 값 14,000원

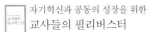
함께 배움 이렇게 시작한다
니시카와 준 지음 | 백경석 옮김 | 196쪽 | 값 12,000원

함께 배움 교사의 말하기
니시카와 준 지음 | 백경석 옮김 | 188쪽 | 값 12,000원

교육과정 통합, 어떻게 할 것인가?
성열관 외 지음 | 192쪽 | 값 13,000원

미래교육의 열쇠, 창의적 문화교육
심광현·노명우·강정석 지음 | 368쪽 | 값 16,000원

주제통합수업, 아이들을 수업의 주인공으로!
이윤미 외 지음 | 392쪽 | 값 17,000원

수업과 교육의 지평을 확장하는 **수업 비평**
윤양수 지음 | 316쪽 | 값 15,000원
2014 문화체육관광부 우수교양도서

교사, 선생이 되다
김태은 외 지음 | 260쪽 | 값 13,000원

교사의 전문성, 어떻게 만들어지나
국제교원노조연맹 보고서 | 김석규 옮김 392쪽 | 값 17,000원

수업의 정치
윤양수·원종희·장군 지음 | 280쪽 | 값 14,000원

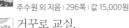
학교협동조합,
현장체험학습과 마을교육공동체를 잇다
주수원 외 지음 | 296쪽 | 값 15,000원

거꾸로 교실,
잠자는 아이들을 깨우는 수업의 비밀
이민경 지음 | 280쪽 | 값 14,000원

교사는 무엇으로 사는가
정은균 지음 | 292쪽 | 값 15,000원

마음의 힘을 기르는 감성수업
조선미 외 지음 | 300쪽 | 값 15,000원

작은 학교 아이들
지경준 엮음 | 376쪽 | 값 17,000원

아이들의 배움은 어떻게 깊어지는가
이시이 쥰지 지음 | 방지현·이창희 옮김 | 200쪽 | 값 11,000원

대한민국 입시혁명
참교육연구소 입시연구팀 지음 | 220쪽 | 값 12,000원

교사를 세우는 교육과정
박승열 지음 | 312쪽 | 값 15,000원

전국 17명 교육감들과 나눈 교육 대담
최창의 대담·기록 | 272쪽 | 값 15,000원

들뢰즈와 가타리를 통해 유아교육 읽기
리세롯 마리엣 올슨 지음 | 이연선 외 옮김 | 328쪽 | 값 17,000원

학교 혁신의 길, 아이들에게 묻다
남궁상운 외 지음 | 272쪽 | 값 15,000원

학교 민주주의의 불한당들
정은균 지음 | 276쪽 | 값 14,000원

프레이리의 사상과 실천
사람대사람 지음 | 352쪽 | 값 18,000원
2018 세종도서 학술부문

교육과정, 수업, 평가의 일체화
리사 카터 지음 | 박승열 외 옮김 | 196쪽 | 값 13,000원

혁신학교, 한국 교육의 미래를 열다
송순재 외 지음 | 608쪽 | 값 30,000원

학교를 개선하는 교장
지속가능한 학교 혁신을 위한 실천 전략
미이클 풀란 지음 | 서동연·정효준 옮김 | 216쪽 | 값 13,000원

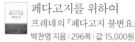
페다고지를 위하여
프레네의 『페다고지 불변요소』 읽기
박찬영 지음 | 296쪽 | 값 15,000원

공자뎐, 논어는 이것이다
유문상 지음 | 392쪽 | 값 18,000원

노자와 탈현대 문명
홍승표 지음 | 284쪽 | 값 15,000원

교사와 부모를 위한
발달교육이란 무엇인가?
현광일 지음 | 380쪽 | 값 18,000원

선생님, 민주시민교육이 뭐예요?
염경미 지음 | 244쪽 | 값 15,000원

교사, 이오덕에게 길을 묻다
이무완 지음 | 328쪽 | 값 15,000원

어쩌다 혁신학교
유우석 외 지음 | 380쪽 | 값 17,000원

낙오자 없는 스웨덴 교육
레이프 스트란드베리 지음 | 변광수 옮김 | 208쪽 | 값 13,000원

미래, 교육을 묻다
정광필 지음 | 232쪽 | 값 15,000원

끝나지 않은 마지막 수업
장석웅 지음 | 328쪽 | 값 20,000원

대학, 협동조합으로 교육하라
박주희 외 지음 | 252쪽 | 값 15,000원

경기꿈의학교
진흥섭 외 지음 | 360쪽 | 값 17,000원

입시, 어떻게 바꿀 것인가?
노기원 지음 | 306쪽 | 값 15,000원

학교를 말한다
이성우 지음 | 292쪽 | 값 15,000원

촛불시대, 혁신교육을 말하다
이용관 지음 | 240쪽 | 값 15,000원

행복도시 세종, 혁신교육으로 디자인하다
곽순일 외 지음 | 392쪽 | 값 18,000원

라운드 스터디
이시이 데루마사 외 엮음 | 224쪽 | 값 15,000원

나는 거꾸로 교실 거꾸로 교사
류광모·임정훈 지음 | 212쪽 | 값 13,000원

미래교육을 디자인하는 학교교육과정
박승열 외 지음 | 348쪽 | 값 18,000원

교실 속으로 간 이해중심 교육과정
온정덕 외 지음 | 224쪽 | 값 13,000원

흥미진진한 아일랜드 전환학년 이야기
제리 제퍼스 지음 | 최상덕·김호원 옮김 | 508쪽 | 값 27,000원

교실, 평화를 말하다
따돌림사회연구모임 초등우정팀 지음 | 268쪽 | 값 15,000원

폭력 교실에 맞서는 용기
따돌림사회연구모임 학급운영팀 지음 | 272쪽 | 값 15,000원

학교자율운영 2.0
김용 지음 | 240쪽 | 값 15,000원

그래도 혁신학교
박은혜 외 지음 | 248쪽 | 값 15,000원

학교자치를 부탁해
유우석 외 지음 | 252쪽 | 값 15,000원

학교는 어떤 공동체인가?
성열관 외 지음 | 228쪽 | 값 15,000원

국제이해교육 페다고지
강순원 외 지음 | 256쪽 | 값 15,000원

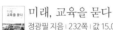

교사 전쟁
다나 골드스타인 지음 | 유성상 외 옮김 | 468쪽 | 값 23,000원

 시민, 학교에 가다
최형규 지음 | 260쪽 | 값 15,000원

 학교를 살리는 회복적 생활교육
김민자·이순영·정선영 지음 | 256쪽 | 값 15,000원

 교사를 위한 교육학 강의
이형빈 지음 | 336쪽 | 값 17,000원

 새로운학교 학생을 날게 하다
새로운학교네트워크 총서 02 | 408쪽 | 값 20,000원

 세월호가 묻고 교육이 답하다
경기도교육연구원 지음 | 214쪽 | 값 13,000원

 미래교육, 어떻게 만들어갈 것인가?
송기상·김성천 지음 | 300쪽 | 값 16,000원
2019 세종도서 교양부문

 교육에 대한 오해
우문영 지음 | 224쪽 | 값 15,000원

 혁신교육지구 현장을 가다
이용운 외 지음 | 348쪽 | 값 18,000원

 배움의 독립선언, 평생학습
정민승 지음 | 240쪽 | 값 15,000원

 선생님, 페미니즘이 뭐예요?
염경미 지음 | 280쪽 | 값 15,000원

 평화의 교육과정 섬김의 리더십
이준원·이형빈 지음 | 292쪽 | 값 16,000원

 수포자의 시대
김성수·이형빈 지음 | 252쪽 | 값 15,000원

 혁신학교와 실천적 교육과정
신은희 지음 | 236쪽 | 값 15,000원

 삶의 시간을 잇는 문화예술교육
고영직 지음 | 292쪽 | 값 16,000원

 혐오, 교실에 들어오다
이혜정 외 지음 | 232쪽 | 값 15,000원

 혁신교육지구와 마을교육공동체는 어떻게 만들어지는가?
김태정 지음 | 376쪽 | 값 18,000원

 선생님, 특성화고 자기소개서 어떻게 써요?
이지영 지음 | 322쪽 | 값 17,000원

 학생과 교사, 수업을 묻다
전용진 지음 | 344쪽 | 값 18,000원

 혁신학교의 꽃, 교육과정 다시 그리기
안재일 지음 | 344쪽 | 값 18,000원

● **살림터 참교육 문예 시리즈** 영혼이 있는 삶을 가르치는 온 선생님을 만나다!

 꽃보다 귀한 우리 아이는
조재도 지음 | 244쪽 | 값 12,000원

 성깔 있는 나무들
최은숙 지음 | 244쪽 | 값 12,000원

 아이들에게 세상을 배웠네
명혜정 지음 | 240쪽 | 값 12,000원

 밥상에서 세상으로
김흥숙 지음 | 280쪽 | 값 13,000원

 우물쭈물하다 끝난 교사 이야기
유기창 지음 | 380쪽 | 값 17,000원

 선생님이 먼저 때렸는데요
강병철 지음 | 248쪽 | 값 12,000원

 서울 여자, 시골 선생님 되다
조경선 지음 | 252쪽 | 값 12,000원

 행복한 창의 교육
최창의 지음 | 328쪽 | 값 15,000원

 북유럽 교육 기행
정애경 외 14인 지음 | 288쪽 | 값 14,000원

 시험 시간에 웃은 건 처음이에요
조규선 지음 | 252쪽 | 값 15,000원

● 평화샘 프로젝트 매뉴얼 시리즈 학교폭력에 대한 근본적인 예방과 대책을 찾는다

학교폭력 어떻게 만들어지는가
문재현 외 지음 | 300쪽 | 값 14,000원

아이들을 살리는 동네
문재현·신동명·김수동 지음 | 204쪽 | 값 10,000원

학교폭력, 멈춰!
문재현 외 지음 | 348쪽 | 값 15,000원

평화! 행복한 학교의 시작
문재현 외 지음 | 252쪽 | 값 12,000원

왕따, 이렇게 해결할 수 있다
문재현 외 지음 | 236쪽 | 값 12,000원

마을에 배움의 길이 있다
문재현 지음 | 208쪽 | 값 10,000원

젊은 부모를 위한 백만 년의 육아 슬기
문재현 지음 | 248쪽 | 값 13,000원

별자리, 인류의 이야기 주머니
문재현·문한뫼 지음 | 444쪽 | 값 20,000원

우리는 마을에 산다
유양우·신동명·김수동·문재현 지음 | 312쪽 | 값 15,000원

동생아, 우리 뭐 하고 놀까?
문재현 외 지음 | 280쪽 | 값 15,000원

누가, 학교폭력 해결을 가로막는가?
문재현 외 지음 | 312쪽 | 값 15,000원

● 남북이 하나 되는 두물머리 평화교육 분단 극복을 위한 치열한 배움과 실천을 만나다

10년 후 통일
정동영·지승호 지음 | 328쪽 | 값 15,000원

선생님, 통일이 뭐예요?
정경호 지음 | 252쪽 | 값 13,000원

분단시대의 통일교육
성래운 지음 | 428쪽 | 값 18,000원

김창환 교수의 DMZ 지리 이야기
김창환 지음 | 264쪽 | 값 15,000원

한반도 평화교육 어떻게 할 것인가
이기범 외 지음 | 252쪽 | 값 15,000원

● 창의적인 협력 수업을 지향하는 삶이 있는 국어 교실 우리말 글을 배우며 세상을 배운다

중학교 국어 수업 어떻게 할 것인가?
김미경 지음 | 340쪽 | 값 15,000원

토론의 숲에서 나를 만나다
명혜정 엮음 | 312쪽 | 값 15,000원

토닥토닥 토론해요
명혜정·이명선·조선미 엮음 | 288쪽 | 값 15,000원

인문학의 숲을 거니는 토론 수업
순천국어교사모임 엮음 | 308쪽 | 값 15,000원

어린이와 시
오인태 지음 | 192쪽 | 값 12,000원

수업, 슬로리딩과 함께
박경숙 외 지음 | 268쪽 | 값 15,000원

언어던
정은균 지음 | 268쪽 | 값 15,000원
2019 세종도서 교양부문

민촌 이기영 평전
이성렬 지음 | 508쪽 | 값 20,000원

감각의 갱신, 화장하는 인민
남북문학예술연구회 | 380쪽 | 값 19,000원

교과서 밖에서 만나는 역사 교실 상식이 통하는 살아 있는 역사를 만나다

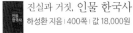

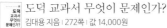

더불어 사는 정의로운 세상을 여는 인문사회과학 사람의 존엄과 평등의 가치를 배운다

 밥상혁명
강양구·강이현 지음 | 298쪽 | 값 13,800원

 도덕 교과서 무엇이 문제인가?
김대용 지음 | 272쪽 | 값 14,000원

 자율주의와 진보교육
조엘 스프링 지음 | 심성보 옮김 | 320쪽 | 값 15,000원

 민주화 이후의 공동체 교육
심성보 지음 | 392쪽 | 값 15,000원
2009 문화체육관광부 우수학술도서

 갈등을 넘어 협력 사회로
이창언·오수길·유문종·신윤관 지음 | 280쪽 | 값 15,000원

 동양사상과 마음교육
정재걸 외 지음 | 356쪽 | 값 16,000원
2015 세종도서 학술부문

 교과서 밖에서 배우는 철학 공부
정은교 지음 | 280쪽 | 값 14,000원

 교과서 밖에서 배우는 사회 공부
정은교 지음 | 304쪽 | 값 15,000원

 교과서 밖에서 배우는 윤리 공부
정은교 지음 | 292쪽 | 값 15,000원

 한글 혁명
김슬옹 지음 | 388쪽 | 값 18,000원

 우리 안의 미래교육
정재걸 지음 | 484쪽 | 값 25,000원

 왜 그는 한국으로 돌아왔는가?
황선준 지음 | 364쪽 | 값 17,000원
2019 세종도서 교양부문

 공간, 문화, 정치의 생태학
현광일 지음 | 232쪽 | 값 15,000원

 인공지능 시대의 사회학적 상상력
홍승표 지음 | 260쪽 | 값 15,000원

 동양사상과 인간 그리고 사회
이현지 지음 | 418쪽 | 값 21,000원

 좌우지간 인권이다
안경환 지음 | 288쪽 | 값 13,000원

 민주시민교육
심성보 지음 | 544쪽 | 값 25,000원

 민주시민을 위한 도덕교육
심성보 지음 | 500쪽 | 값 25,000원
2015 세종도서 학술부문

 교과서 밖에서 배우는 인문학 공부
정은교 지음 | 280쪽 | 값 13,000원

 오래된 미래교육
정재걸 지음 | 392쪽 | 값 18,000원

 대한민국 의료혁명
전국보건의료산업노동조합 엮음 | 548쪽 | 값 25,000원

 교과서 밖에서 배우는 고전 공부
정은교 지음 | 288쪽 | 값 14,000원

 전체 안의 전체 사고 속의 사고
김우창의 인문학을 읽다
현광일 지음 | 320쪽 | 값 15,000원

 카스트로, 종교를 말하다
피델 카스트로·프레이 베토 대담 | 조세종 옮김
420쪽 | 값 21,000원

 일제강점기 한국철학
이태우 지음 | 448쪽 | 값 25,000원

 한국 교육 제4의 길을 찾다
이길상 지음 | 400쪽 | 값 21,000원
2019 세종도서 학술부문

 마을교육공동체 생태적 의미와 실천
김용련 지음 | 256쪽 | 값 15,000원

 교육과정에서 왜 지식이 중요한가
심성보 지음 | 440쪽 | 값 23,000원

식물에게서 교육을 배우다
이차영 지음 | 260쪽 | 값 15,000원

참된 삶과 교육에 관한 생각 줍기